パリの朝食はいつもカフェオレとバゲット

フランス人はなぜ仕事と子育ての両立が上手なのか？

国末則子

プレジデント社

はじめに

シャルル・ド・ゴール空港に降り立った2001年の5月初め、2人の幼い子どもを連れた私は、外国での子育てが心配でたまらなかった。フランスは旅行で何度か訪れていたが、旅と生活することは、違う。先に渡仏していた夫が空港へ迎えに来てくれ、私たちの到着を待っていた。

タクシーの中で、夫が運転手とフランス語でやり取りする。「これからは、フランス語の生活なのだ」と、フランス語があまり話せない私は、ますます心細くなった。翌朝、目覚めると雨が降っていた。自宅の窓から外を眺めると、長いコートを着こんだ人が歩いている。ゴールデンウィークの日本は、暖かかった。「遠く離れた外国に来てしまったのだ」と改めて実感した。

夫の仕事の関係で、フランスに家族4人で住む機会を得た。2001年から

2004年と、2007年から2010年の二回、パリ市内のアパルトマンで暮らした。計6年半フランスに滞在して何よりも驚いたのは、働く母親が多いことだった。

新聞社に勤めていた私は、仕事と子育ての両立に悩み、1998年に退社した。子どもを幼稚園へ送って行った後に出勤する、フランスの女性がまぶしかった。彼女たちはいったいどうやって、仕事と子育てを両立しているのだろう。日本では難しいことが、なぜフランスでは可能なのだろう。

2人の子どもを現地校に通わせ、フランス人と知り合い、両立を可能にする実情がだんだんとわかってきた。フランスは長い歴史と豊かな文化のある国だ。人生を楽しむフランス人のライフスタイルからは、ほかにも学ぶことは多いと知った。

フランスでの出会いは、私の宝物です。渡仏当初、不安でいっぱいだった私も、やがてフランスでの生活が面白くなりました。本書では、仕事と子育ても含めた、フランス人の普段の暮らしを紹介したいと思います。毎日を楽しく過ごすためのヒントにしていただければ、うれしいです。

Contenu 目次

女性の就業率83パーセント
働く時間が短い
ほぼ全員入れる幼稚園
教育内容も豊か
行事は土曜日に開催
小学校は学童保育充実
学校行事が少ない
家計に優しい
教師は教えることに専念
夫の協力
祖父母の応援
母親への重圧が少ない
簡単なお弁当
二つの世界

週末はドレスアップ
整然とした家
ブリコラージュに励む
思い出と共に
普段の生活で体力作り

第7章 心豊かな日々を

熱心な聴講生
芸術に親しむ
映画は文化
劇場へ
静かな時間
気長に待つ

目に見えないもの
年を重ねるとは
夏の朝、パリで

おわりに …… 220

装幀　鹿児島藍　関口裕（Concent, Inc.）
装画　田中麻記子
本文DTP　秦浩司（hatagram）

第1章
グルメの国の食卓

フォークなしで朝食を

旅行で訪れたパリの小さなホテルでとった朝食を、20年以上経った今でも覚えている。ホテルの食堂のテーブルには、赤と白のチェックのテーブルクロスがかかっていた。テーブルの上に置かれたのは、クロワッサンとカフェオレだけ。しかし、クロワッサンは焼き立てで温かく、カフェオレも湯気を立てていた。クロワッサンの外側の皮はパリパリしていて香ばしいが、中身はしっとりとしている。バターの風味が豊かだった。カフェオレは、コーヒーの苦みと牛乳の自然な甘みが絶妙に混ざり合っていた。

クロワッサンとカフェオレだけの朝食で、こんなに幸せな気分が味わえるなんて。イギリスやアメリカの朝食のように、パンのほかに卵料理やベーコンなども添えられた盛りだくさんな朝食というわけでもない。しかし、十分においしい。グルメの国の、シンプルだが充実した朝食に感動した。

フランスの家庭では、バゲットとカフェオレの朝食をとることが多い。フランスで暮らし始めると、焼き立てのクロワッサンは、少し贅沢だとわかってきた。近所のパン屋では、クロワッサンは１ユーロ余りし、バゲット１本の値段より高かった。フランスのパン屋は早朝から開店しているが、買いに行くためには、時間のゆとりも必要だ。

バゲットには「細い棒」という意味があり、複数形には食事に使う「はし」という意味もある。パンのバゲットは細長い棒状で、外側の皮はパリッとして、中身は軟らかい。噛みしめると、ほんのり塩を効かせた良い味がする。バゲットをタルティーヌにして食べる人もいる。タルティーヌを作るには、バゲットを好みの分量だけ切り取ってから、縦二つに切る。切り口にバターやジャムを塗れば、出来上がりだ。

時間が経つほどに硬くなってしまうバゲットは、あまり買い置きには向かない。そこで、スーパーで売っている袋入りのパンやシリアルを朝食にすることもある。

フランスの子どもは朝食にショコラやジュースを飲む。バゲットをちぎって、ショコラに浸して食べたりもする。

フランス人は、この「浸す」ということが、好きなのだという。マルセル・プルーストの長編小説『失われた時を求めて』では、主人公は紅茶にマドレーヌを浸して口にする。そのとき、かつて同じようにしてマドレーヌを味わったことを思い出し、少年時代の思い出が一挙によみがえる。

ヨーグルトや果物も朝食によく出される。フランスのヨーグルトは、こってりとして、濃厚な味がする。フランス人は、ヨーグルトにはちみつをかけて食べる。ローズマリーやタイムなど、日本ではあまり見かけないはちみつも味わえる。

フランス人女性の知人宅に家族で泊めてもらい、一緒に朝食を味わったことがある。朝、食堂へ行くと、知人の幼稚園児の娘がテーブルの上に、紙ナプキンやナイフ、スプーンを人数分、丁寧に並べているところだった。やがて、知人が起き出して、食堂にやって来る。娘は、「私がこのテーブルをセットしたのよ」と、得意そうに報告した。「ありがとう。きれいに出来たわね」と知人がほめると、うれしそうにした。

知人の家族と一緒にテーブルにつき、パンやコーヒーのフランス風朝食を味わいつつ、しみじみ思った。「母親が早起きして用意する必要のない朝食は、いいものだ」と。子どももよほど小さくなければ、バターやジュースを冷蔵庫から出したり、ジャムやパンを戸棚から出したりして、テーブルへ運ぶことができる。母親だけが朝食の準備に忙しい思いをしなくてもよいのだ。

この知人宅では、紙ナプキンの上にパンを置いて食べたので、お皿は使わなかった。ナイフやスプーン、飲み物のカップを洗い、バターやジャムを元の場所に戻して、すぐに後片付けは終わった。

ご飯が好きな我が家では、フランスに住んでいたときも平日の朝食は、基本的に和風だった。しかし、週末の朝はパン屋へ出かけ、クロワッサンやパン・オ・ショコラなどのヴィエノワズリー（菓子パン）を買って、いつもと違う朝食をとった。フランスのヴィエノワズリーは、日本のものより一回り大きく食べごたえがある。そして、焼き立ては、格別においしい。少しだけ贅沢な朝食が、週末ののんびりした、楽しい気分を増してくれた。

日本へ帰国してからも、平日の朝食は和風、週末はフランス風にすることが多い。フランス風といっても、残念ながら、朝に焼き立てのパンは手に入りにくい。そこで、パンやジャム、ヨーグルトなどの材料を週末の前に準備しておく。週末の朝、家族はそれぞれ、パンや飲み物を自分でテーブルへ運んで、朝食をとる。食事の支度にも後片付けにも時間があまりかからないので、ゆっくり出来るのがうれしい。シンプルだけれど、いつもと違う朝食で、少し気分が変わるところが気に入っている。

平日の夕食はシンプル

共働きが多いフランスでは、子どもは昼、幼稚園や学校の食堂で給食をとることが多い。

私の子どもが通った公立幼稚園では、1週間の給食メニューが、入り口の脇に張り出されていた。前菜は、サラダなどの野菜料理が多かった。メインは、金曜日は魚料理と決まっていた。そのほかの曜日は、鶏肉、豚肉、仔羊、七面鳥、ホロホロ鳥など、さまざまな肉料理だった。

デザートはお菓子や果物。チーズもあり、まさに盛りだくさんのコース料理になっている。フランスではかつて、1日の食事の中心は昼食だった。給食に関しては、伝統的な考えを踏襲しているようだった。

食育の観点からだったのだろうか、給食では、バラエティー豊かなフランス料理が提供された。自宅では私はあまり作らないのに、給食で味わって子どもの好物になった料理もある。「キャロット・ラペ」というニンジンの細切りサラダや、ビーツのサラダ、「プティ・サレ」という豚の塩漬け肉とレンズ豆を煮込んだものなどだ。

会社などで働く人は、どんな昼食をとっているのだろう。知人によると、レストランでプラ・デュ・ジュール（本日のおすすめ料理）を食べたり、パン屋でサンドイッチを買って、職場で食べたりするそうだ。

フランスのパン屋では、ショーケースや棚に陳列されたパンの中から、客は欲しい品物を店員に伝えて買う。昼どきには、会社員や学生らが行列を作る。客の注文する声と、店員の答える声とがショーケース越しに飛び交って、にぎやかだ。

自宅近くのパン屋では昼どきに、バゲットにハムやチーズなどの具をはさんだサンドイッチのほか、クロックムッシュー（ハムとチーズをはさんで焼いたサンドイッチ）やキッシュなどが所狭しと並べられていた。プラスチックの容器に入ったサラダやパスタもあった。クロックムッシューを頼むと、店員が「温めますか」と尋ねる。「お願いします」と答えると、電子レンジで温めてアルミホイルに包んで渡してくれる。

サンドイッチに飲み物、デザートのついたセットメニューもあった。デザートは果物のタルトやエクレアなどから選ぶことができ、女性も男性もショーケースの前で、うれしそうな顔をして注文していた。

私が自宅でよくとった昼食は、バゲット、ルッコラやトレビスの入ったサラダ、ハムかパテにチーズというメニューだった。日本では、サラダにかけるドレッシングは購入することが多いが、フランスでは、塩こしょうと、酢、油を混ぜ合わせて、手早く自家製ドレッシングを作る人も多い。フランスのスーパーでは、既製品のドレッシングを売っているが、日本に比べて種類が少ない。一方、酢の種類は、赤ワイン酢、白ワイン酢、バルサミコ酢、シェリー酢などと豊富だ。既製品を買うより、自分好みのドレッシングを作りたいと考えるのだろう。

私もフランス人を見習って、サラダにかけるドレッシングは手作りしていた。ヨーロッパ連合（EU）最大の農業国だけあって、フランスの野菜は多彩で味が濃い。シンプルな手作りドレッシングのほうが、野菜本来の味がよくわかる。調理といえば、サラダの葉を洗うこととドレッシングを作るだけの簡単な昼食だが、材料の一つひとつがおいしいので、大満足なランチタイムだった。

フランスの家庭で夕食をとる時間は、午後7時か8時ごろからが多い。グルメで名高いフランスだが、普段の夕食は簡素だ。

幼稚園の入り口脇に張り出された給食メニューには、「今夜のおすすめメニュー」という項目があった。コース料理の給食とは対照的に、この夕食メニューは、実にあっさりしている。「キッシュとヨーグルトと果物」や、「スープとオムレツ」といった具合だ。昼食をたっぷり食べているから、夕食は軽めでいいということだろう。

共働きの家庭は実際、平日の夕食はキッシュやスープ、パスタやピザなどで簡単に済ませることも多いようだ。スーパーなどでは、多種多様な惣菜、冷凍食品やレトルト食品、缶詰やビン詰を売っているので、それらを利用したりもする。

火を使わずに調えられる夕食メニューもある。私のお気に入りの昼食メニュー、バゲットにハムなどの肉加工品、チーズにサラダは、実は夕食の献立にもなる。フランスのハムは、スーパーで購入できるパック詰の品物でも分厚い。塩漬けの肉という風格がある。肉屋に行けば、骨付きのハムを希望の枚数だけ、そぎ切りにしてくれる。

チーズは、日替わりにしても1年間では食べ切れないくらいの種類があるので、飽きがこない。サラダにする野菜もバラエティー豊かだ。

少し調理が必要だが、フランスの家庭の食卓によく登場する、長時間キッチンに立って準備しなくてよい献立がある。肉なり、魚なりに塩こしょうして焼き、温野菜や生野菜を添える。簡単だが、栄養のバランスがとれる一品だ。肉や魚をオーブンで焼き、温野菜は電子レンジを利用して作れば、立ち仕事の時間を、より短くできる。

この簡単フランス料理は、我が家の食卓に今でもよく登場する。ハーブをふりかけてから焼いたり、肉にはマスタード、魚にはレモンを添えたりすると、一層、フランス料理らしくなる。凝った味付けをしないので、素材の本来の味が際立つ。一皿に肉か魚と野菜を盛り付けるので、洗い物が少なくて済むところもありがたい、時短メニューだ。

週末はごちそう

フランス人の平日の食事は、調理に時間のかからないものが多い。しかし、いつも簡単な料理では、物足りなくなってしまうだろう。せっかく、グルメの国に住んでいるのに、もったいなくもある。

実は、フランス人は、週末にごちそうを食べる。自宅でコース料理を作って、楽しむのだ。家族で食卓を囲むこともあれば、友人や親戚を招くこともある。

11月のある日、子どもを小学校に迎えに行った際、子どもの友達のアンヌの母親に声をかけられた。「あなたの家族みなさんで、うちに昼食を食べに来ない？」。「喜んで」と答えて、2人で日程を決める。土曜日の昼、ということになった。

約束の日、家族4人でアンヌのアパルトマンへ出かけた。フランスでは食事に招かれた場合、お客は「少し遅れて行く」という習慣がある。招いた側にとっては、来客の準備が大変だろう、という配慮からだ。

　私たちも約束の時間より15分ほど遅れて、訪問することにした。

　フランスの集合住宅は、日本のマンションよりセキュリティーが厳重だ。たいていの集合住宅では、来訪者は暗証番号を押して通りに面したドアを開け、次にエントランスホールのインターフォンで入居者を呼び出して、二つめのドアを開錠してもらわないと、中に入れない。

　事前に教わっていた暗証番号を押し、インターフォンで連絡を取り、アンヌのアパルトマンへと向かう。玄関のベルを押すと、アンヌの母親が出迎えてくれた。玄関ホールで、アンヌ一家と私たち家族がお互いを紹介し合った。アンヌには、姉と兄がいた。おみやげのチョコレートをアンヌの母親に手渡す。

　サロン（居間）に通され、ソファーに座って、まずアペリティフ（食前酒）をいただく。大人にはシャンパン、子どもにはジュースが注がれた。アンヌが、みんなの間を回って、お皿に盛られたカナッペを勧めてくれる。このカナッペは、薄切りのバゲットにリエット（豚肉のペースト）をのせたものだった。30分くらいおしゃべりした後、「テーブルに移りましょう」とアンヌの母親に促され、サロンに隣接する食堂のテーブルへ移動する。

テーブルの上に、皿やナイフ、フォークなどがきれいに並べられていた。席に着くと、前菜が運ばれる。グリーンサラダの中央に、トーストしたパン、その上にグリルしたヤギのチーズがのせられている。大人はワインとともに、味わう。この前菜は、アンヌの母親が作ったという。

やがて、アンヌの父親がキッチンへ立つ。しばらくして、尾頭付きのタイを2尾のせた皿を運んできた。焼き立ての魚をフォークとスプーンで器用に切って、めいめいの皿に取り分けてくれる。「この魚は、私が担当した」と言う。アンヌの母親が作った、ズッキーニとニンジンのグラタンとジャガイモのオーブン焼きも振る舞われた。

チーズを食べた後、デザートのチョコレートムースが運ばれてきた。これは、アンヌの姉が作ったという。「とても、おいしい」と、私たち家族が口ぐちにほめると、姉はにっこりとほほ笑んだ。アンヌの母親が、「アンヌはカナッペを作ったのよ」と言うと、今度はアンヌが得意そうな顔をする。すると、アンヌの兄が、「僕は、お皿を運んで、みんなの席にナプキンを置いて、テーブルセッティングした」と言う。

食後のコーヒーや紅茶を飲みながらおしゃべりし、午後1時ごろに始まった昼食が終わったのは、午後5時近く。たくさん食べて、夕食はいらないと思えるくらいだ。「アンヌの家ではいつも、こんなごちそうを食べているのか」と私たち家族に誤解されたら困る、と思ったのだろうか。アンヌの母親が念を押す。「私たち、普段はこんなに食べないのよ」

11月のパリは夕暮れが早く、寒い。しかし、自宅への帰り道、私の心はぽかぽかと温かいように感じた。私たち家族のために、アンヌの家族みんなで昼食を用意してくれたのだ。その「おもてなし」の心がありがたかった。

フランス料理ばかり作る

フランス人の家庭に何度か招待されたが、出してくれるのはいつも伝統的なフランス料理だった。日本人の家庭では、和食以外にも洋食、中華料理、韓国料理……と、いろいろな種類の料理を作る。しかし、そもそもフランス人の家庭では、普段から主にフランス料理を作っているようだ。

「主にフランス料理を作る」ということには、利点がいくつかある。

まず、調味料をたくさんそろえなくてよい。

外国の料理も作るとなったら、塩、こしょう、砂糖、酢などの基本的な調味料のほか、しょうゆやみりん、オイスターソース、豆板醤、コチュジャンなど、多くの調味料をそろえることになってしまう。

調理道具も、多種類の料理を作るよりは少なめでよい。

それから、同じような料理を何回も作るので上達する、というメリットもある。

料理上手とは言えない私だが、家族のためにキッチンに立ち続けてわかったことは、料理というものは、誰でも作り慣れれば、おいしく出来るようになるということだ。料理本を見ながら新しい料理に挑戦すると、最初は失敗することもある。しかし、何回も同じ料理を作り続けるうちに、コツがつかめる。フランス人は頻繁にフランス料理を作るので、自然と上手になっている。

フランス料理の調理法は、もてなしにも向いている。

ポトフなどの煮込み料理はあらかじめ作っておくことができる。ローストチキンなどのオーブン料理は、材料を下ごしらえしてオーブンに入れれば、調理中その場につきっきりでいる必要はない。招待した友人らとテーブルを囲んで、談笑しながら出来上がりを待つことができるのだ。おまけに、この二つの調理法は、キッチンが汚れないから、後片付けも楽だ。フランス人は、この点を重視しているらしく、「キッチンが汚れるから、揚げ物はしない」という人もいるくらいだ。

招く側になって

同じテーブルを囲み、おしゃべりしながら、おいしい料理を食べることは、とても楽しい。招待してくれた人に、感謝の気持ちを示す一番良い方法は、「招き返す」ことだという。

私も、アンヌの一家を自宅に招待することにした。

小学校へ子どもを迎えに行った際、アンヌの母親に声をかけて、日程を調整する。1月の日曜日の昼と決まった。

「おもてなし」に慣れていない我が家は、それからが大変だ。まず、当日のメニューに家族で知恵を絞る。アンヌの家族が「ときどき、すしを食べます」と言っていたことを思い出した。フランスでは、和食は人気があり、スーパーや中華料理の惣菜店でもパック詰のすしを売っている。あれこれ考えた末、和食を用意することにした。

当日、約束の午後1時より、「少し遅れて」花束を携えたアンヌ一家が、訪ねてきた。

アペリティフの後、前菜としてサーモンの握りずしとイクラの軍艦巻きを出した。それまで、握りずしを自分で作ることはほとんどなかった。事前に一度練習して、何とか握りずしらしきものをこしらえることができた。幸い、アンヌ一家の口に合ったようである。

メインは焼き鳥を用意した。フランスの肉屋では、小さく切られた鶏肉は売っていない。このときは、肉屋で骨付きの鶏モモ肉を買い、骨を外すよう頼んだ。それを焼き鳥用に小さく切り分け、日本食料品店で買った串に刺して作成する。焼き鳥も、みんな平らげてくれた。

チーズの後、デザートを出す。フランスでは自宅に人を招いたとき、料理はテイクアウトでもよいが、デザートは手作りするべきだと考えられていると、聞いたことがある。手作りのデザートは、それほど重要らしい。

和風デザートにしようと考え、さいの目に切った寒天と小さく切った果物を器に盛って出してみた。アンヌの母親が寒天を指して、「これは何ですか?」と尋ねる。「海藻が原料で……」と説明すると、珍しがった。

自宅に人を招いてみて、わかった。料理は、前菜、メイン、デザートと区切って出すと、「次の料理は何だろう」という期待感が増し、ごちそうのように感じてもらえる。料理をほめてもらうと、もてなす側はうれしい。料理を作る張り合いが出て、「また、誰かを招待しようか」という意欲もわく。食事に招待されることは楽しいが、招待する側にも、招く楽しみがあるのだ。

料理とワイン

フランス人から食事に招待されると、しばしばワインが振る舞われた。料理に合わせてワインを選んだりする彼らは、とても楽しそうだ。

「これは、私が生まれた年に収穫されたブドウで作ったワインです。でも、まだしばらくは飲まないつもり」などと言って、大切に保管しているワインのボトルを見せてくれたりする。フランスの集合住宅には、カーヴという地下倉庫が備えられていることが多く、カーヴにワインを保管している家庭もある。

フランスに暮らすまでは、ワインは「難しそうで近寄りがたい」というイメージがあった。口にする機会も、そう多くはなかった。

フランスに滞在していたとき、スーパーでは1本2ユーロ台のワインも売っており、初めて見かけたときは驚いた。昼どきにカフェやレストランの前を通りかかると、ワインを味わいながら食事を楽しんでいる人を見かける。フランス人はアルコールに強い人が多いのか、適量を守っている人が多いのか、ひどく酔っている人を見ることはあまりなかった。

ワインと料理の組み合わせは、魚介類の料理には白ワイン、肉料理には赤ワインを合わせるのが原則だという。しかし、ワインは産地によって個性があり、同じ赤ワインでもさまざまな味わいがある。自宅に人を招くときなど、ワインの知識があまりない私は、どんなワインを用意したらよいのか、途方に暮れてしまう。

こんなときの強い味方がワインショップだ。ワインショップへ行って相談すると、店員は「どんな料理を出すのですか」と尋ねてくる。料理の名前を伝えると、「では、これかこれ」といくつか候補を選んでくれる。候補のワインの味も「これは、フルーティな感じ」などと説明してくれるので、こちらは予算に応じて選べばよい。

ワインは健康に良いとする説もある。フランス人は、肉や乳製品から動物性脂肪をたくさんとるにもかかわらず、心筋梗塞など虚血性の心臓病での死亡率が高くならない。「フレンチ・パラドックス」と呼ばれ、食事とともに飲む赤ワインに含まれるポリフェノールのおかげだと言われてきたが、その詳細はよくわからなかった。

ところが2010年、この現象のメカニズムを解明したと、フランスの研究チームが発表した。赤ワインの成分と女性ホルモンが作用して血管内で一酸化窒素を発生させ、動脈硬化を防いでいたのだという。ただし、研究チームの結論は「赤ワインをあくまで適度に飲めば、心臓血管の病気の危険が低下する」。多量の飲酒は勧めていないのだ。

種類豊富なチーズ

パリの商店街には、たいていチーズ屋がある。チーズ屋の店内に、フランス各地のチーズがずらりと並ぶさまは壮観だ。白カビタイプや青カビタイプ、ヤギの乳で作ったもの、大型で硬いチーズ……と、個性豊かだ。フランスには、約400種類ものチーズがあるという。

カマンベールなどの小さいチーズは丸ごと1個買うが、ブリ・ド・モーなどの大きいチーズは、欲しい分だけ店員に切ってもらう。自宅に人を招く場合は、チーズ屋の店員に頼んで、3種類くらい適当なチーズを見つくろってもらったりしていた。ワインショップと同じように、もてなしをする際の強い味方になってくれる。

種類豊富なフランスのチーズをすべて味わうことなど到底できなかったが、私が一番気に入ったのは、ブリ・ド・モーだ。ルイ16世が好んだといわれるだけあって、気品のある味わいだ。サヴォワ地方で生産されるボーフォールも捨てがたい。このチーズを口にすると、雄大なアルプスの風景が目に浮かぶようだ。

お気に入りの中には、秋から冬にかけて生産されるチーズもあった。モン・ドールという円形の器に入ったチーズだ。上部の皮を取り除き、内部の軟らかい部分をスプーンですくって、パンにつけて食べる。冬が来ると、モン・ドールが食べたくなる。モン・ドールを食べると、「冬だなあ」と実感する。

締めくくりはデザート

フランス料理はほとんど砂糖を使わないため、甘味を補給する手段としてデザートが発達したと聞いたことがある。

フランス人の家庭に招かれた場合、食事の最後には必ず、デザートが出された。チョコレートムースや果物のタルトなどを、手作りして振る舞ってくれた。

日本では、甘いものが好きなのは女性というイメージがあるが、フランスでは男性も甘いものをよく食べる。レストランでは、「前菜とメイン」または「メインとデザート」というコースを選べるところもあるが、フランス人は女性も男性も「メインとデザート」を選ぶケースが多いようだった。

料理に砂糖をほとんど使わないせいだろうか、フランスのお菓子は日本のお菓子に比べて、甘みが強い。最初は「甘すぎる」と思っていたが、だんだんその甘みに慣れてしまったようだ。帰国して日本のお菓子を食べたとき、「甘さが足りない」と思ってしまったくらいだ。

フランスでは自宅に人を招いた場合、デザートは手作りが望ましいと聞くが、幼稚園での誕生日会も同様だ。子どもの通った幼稚園では月ごとに、その月に生まれた子どもの誕生日会を開いた。ケーキと飲み物は、誕生日を迎える子どもの保護者が差し入れる。その誕生日会用のケーキは、手作りが望ましいというのだ。

お菓子作りをあまりしたことのなかった私は、困ってしまった。しかし、子どものために何とかしなくてはならない。フランスの子どもたちの好物というガトー・オ・ショコラを作ることにした。

まず、小麦粉やチョコレートなどの材料を買ってきて、料理本を見ながら練習する。1回目は、焼き時間が長すぎて失敗した。2回目は、まあまあ成功した。当日用も無事作り上げ、幼稚園へ届けることができた。

これをきっかけに、ときどき簡単なお菓子を作るようになった。クッキーやパウンドケーキのようなシンプルなお菓子でも、手作りするとおいしい。手作りの温かみを感じるのか、子どもも喜ぶ。

夜のティータイム

家族で訪れた知人宅のサロンは、夜になると間接照明の柔らかな光で満たされていた。夕食の後、知人から「ハーブティーを飲みませんか」と尋ねられた。知人宅では夜、ハーブティーを飲む習慣なのだという。

さっぱりとした味で、夕食後の口の中がすっきりした。ハーブティーを飲みながら知人とおしゃべりし、くつろいだ気持ちになった。

この夜の静かなティータイムが気に入り、それから我が家でも夕食後にハーブティーを飲むようになった。

フランスは、ハーブティーの種類が豊富だ。鎮静作用や消化促進などの効果をうたっているものもあり、その日の気分に合わせて、私はいろんな種類のハーブティーを味わっていた。

夕食後のティータイムは、今でも続けている。1日の終わりに心が安らぐ、大切な時間だ。

季節ごとに

正月のおせち料理やひな祭りの散らしずしなど、日本には季節によって作る、伝統的な食事がある。フランスにも季節ごとに味わう食べ物があり、暮らしに彩りを添えてくれた。

年明けのパン屋には、大小さまざまなガレット・デ・ロワが並ぶ。ガレット・デ・ロワは、アーモンドクリームの入った丸いパイで、1月6日の公現祭（東方三博士のキリスト礼拝を記念する祝日）に食べることになっている。

パイの中には、フェーヴ（ソラマメ）と呼ばれる、小さい陶製の人形のようなものが入っている。パン屋では、紙製の王冠をおまけにつけてくれる。このパイを家族や友人と食べるときには、ゲームのようなことをすると、知人から教わった。

パイを配る前に、その場にいる人の中で最年少の人が、テーブルの下に入る。切り分けたパイを配る人が、「この一切れは誰の？」と尋ねる。テーブルの下の人は、その場にいる人の名前を1人ひとり挙げていく。パイを配る人は、パイを皿にのせて名前を呼ばれた人に渡す。フェーヴが当たった人は、紙製の王冠をかぶって王様（ロワ）または王妃様（レーヌ）になる。知人の家庭では、1日中みんなが王様または王妃様の言う通りにする、というルールだった。

1月6日と限らずに、1月中くらいは、こんなゲームをしてガレット・デ・ロワを食べる。子どもによると、幼稚園でもパイを食べたそうだ。紙を切ったり、色を塗ったりして、各自が手作りした王冠をかぶったらしい。

我が家でも、家族でゲームをしてパイを食べた。単純な遊びだが、フェーヴが入っているかなと、期待しながら食べるのが楽しい。いろんな形や色のフェーヴが入っているので、小さな箱に入れて集めていた。人形や動物の形をしたものが多いが、エッフェル塔やマグカップの形をしたものもある。

パン屋には、「1人向け」の小さなガレット・デ・ロワも売られている。1人向けにも、フェーヴは入っているのだろうか。ある日、好奇心にかられて購入してみた。王冠を渡されなかったので予想はついたが、入っていなかった。

フランスでは、街のあちらこちらにチョコレートの専門店がある。キリストの復活を記念する復活祭が近づくと、チョコレート店の店先は、ニワトリやウサギ、卵の形をしたチョコレートで華やかになる。パン屋やスーパーにも、ニワトリなどの形をしたチョコレートが並べられる。

復活祭は移動祝日で、「春分の後の最初の満月の次の日曜日」となっている。年によって3月下旬から4月下旬まで動く。冬のパリは、日が短い。小学生が登校する午前8時ごろは暗いし、下校時刻の午後4時半ごろには薄暗くなる。天気も曇りがちの日が多い。復活祭のチョコレートを見かけるようになると、「春が来た」とうれしい気持ちになった。

復活祭のころ、フランスの子どもたちは、庭に隠された卵型のチョコレートを探すと聞いた。庭のない我が家では、アパルトマンの中にチョコレートを隠して、子どもたちと卵探しをした。

　秋になると、ジビエが肉屋の店先に並ぶ。ジビエは、狩猟を通じて捕獲された野生の鳥獣のことだ。近所の肉屋には、野ウサギやヤマウズラ、キジなどが陳列されていた。羽がついたものもあり、ショーケースがいつもより鮮やかな色合いになる。

　パリの東方にチーズで有名なクロミエという町がある。11月の週末、クロミエへ出かけたら、肉屋の店先に大きなイノシシが陳列されていて驚いた。パリへ帰る途中には、畑で数人が銃を構えて狩猟をしている場面も見かけた。

　秋のある日、レストランでヤマウズラのローストを注文した。ジビエにはときおり、散弾銃の弾が残っていると聞く。注意しながら食べていると、歯にカリッと当たるものがある。小さな丸い散弾銃の弾だった。結局、弾は二つ出てきた。自然の恵みをいただいているのだと実感する。感謝しつつ、料理を味わった。

　12月のクリスマスが近づくと、スーパーの食品売り場も商店も、ごちそう中心の品ぞろえになる。フォアグラ、キャビア、詰め物をした丸ごとの鶏やホロホロ鳥……。フランス人は24日のクリスマス・イヴに家族でお祝いの料理を食べるという。

クリスマス前の混雑したスーパーや商店で、ごちそうの材料を買うフランス人の様子を見て思った。おせち料理の材料を買う日本人と似ている。ごちそうの準備に忙しいが、うきうきした気分。家族でお祝いのテーブルを囲む幸せ。そんな気持ちが伝わってくる。活気のある商店の雰囲気も、年の瀬の日本と同じだ。

ある年のクリスマス前、何となく「今夜の夕食はイワシを料理しよう」と考えて、魚屋へ出かけた。ところが、イワシがない。サバもアジもない。代わりに、いつもはあまり見かけないタコがスペースをとっている。ほかの客は、ホタテ貝やエビ、カキなどの値段の張る食材を買っていた。クリスマスの食事には、やはり奮発するようだ。イワシの代わりにサケを買ったが、クリスマス前にここまで「ごちそう中心」になるとは予想していなかった。

クリスマス前のパン屋のショーケースには、大小さまざまなブッシュ・ド・ノエルが並ぶ。ブッシュ・ド・ノエルは、薪の形をしたお菓子で、クリスマスケーキとして食べる。日本では、クリスマスケーキと言えば、丸型のケーキが主流だ。クリスマスケーキも国によって違うのだなと、不思議に思った。

新年を迎えると、パン屋の店頭には再びガレット・デ・ロワが登場する。「季節が巡った」と実感する。

第1章　フランス流　7つのポイント

朝食はいつもほぼ同じ、カフェオレとバゲットなど。準備も片付けも簡単なメニューなので、朝の時間をゆっくり過ごせる。

平日の夕食は、新鮮な素材の味を活かしたシンプル料理か、買ってきたお惣菜の時短メニューで済ませることも多い。

週末は、家族みんなで、前菜、メイン、デザートを堪能する。区切ってテーブルに出すと、わくわくして楽しい。

自宅に友人を招くときのお菓子は手作り。手作りの温かみがあり、おいしい。

フランス人はほかの国の料理をあまり作らないので、調味料の数が少なくて済む。繰り返して同じものを作るうちに、料理の腕も自然に上がる。

キッチンが油で汚れる揚げ物料理は、自宅ではしない人も。ポトフなどの煮込み料理や、ローストチキンなどのオーブン料理を好む。

クリスマスなど季節のイベントには、大奮発する。

第2章 奥深い食文化

マルシェは社交の場

最初の滞在で住んだ自宅近くの通りには週2回、青空マルシェ（市場）が立った。前日の夕方に、通りの両側にテントが立てられる。当日は、午前8時ごろから午後1時ぐらいまで、店が開いていた。

このマルシェでは、200メートルぐらいにわたって、さまざまな店が並んでいた。八百屋、肉屋、魚屋、チーズ屋のほか、鍋などの台所用品を売る店、洋服屋などもある。普段は静かな通りだが、マルシェの日は、お祭りのようににぎやかになる。昼過ぎに営業が終わると、店のテントは片付けられ、元の静かな通りに戻る。

パリの街では、通りや広場にこんなマルシェが開かれる。フランス人にとっては、買い物をするだけでなく、店の人やほかの客との交流を楽しむ社交の場にもなっている。

マルシェの品物は新鮮だと聞くので、「買い物してみたい」と思ったが、渡仏当初は敷居が高かった。フランス語に自信がなかったからだ。

スーパーならば、購入したい品物をかごに入れて会計すればよいので、フランス語をあまり話さなくても買い物ができる。しかし、マルシェでは、店の人にフランス語で購入したい品物を伝えなくてはならない。

「マルシェで買い物してみたい」「でも、フランス語が通じるか不安だ」。マルシェの前を通りつつ、しばらく悩んでいた。しかし、ある朝、意を決して気になっていた八百屋へ行ってみた。

この八百屋には、常連客の行列がいつも出来ていた。客は順番が来たら、店の人に購入したい野菜と数量を伝えて、代金を支払う仕組みだ。「ナスを一つください」などと注文して、なんとか買うことができた。

予想通り、マルシェの野菜は新鮮だった。しかも、価格も手ごろだった。この日以来、マルシェでしばしば買い物をするようになった。マルシェに来るフランス人は、籐製の買い物かごを提げたり、買い物カートを引いたりしている。私も、近所の雑貨屋で購入したカートを引いて出かけて行く。

この八百屋は、パリ周辺の農家が栽培した野菜や果物を運んできて、売っているようだった。ふっくらした愛想の良いマダムと、息子らしい男性が買い物客に応対していた。マルシェにはほかにもたくさんの八百屋があり、外国産の野菜や果物を扱う店もあった。そういった八百屋に比べると、マダムの八百屋の品ぞろえは、そう豊富ではなかった。

しかし、マダムの八百屋のおかげで、旬の野菜や果物のおいしさを存分に味わわせてもらった。冬の間は根菜中心で彩りも寂しいが、春の訪れとともに店頭が色鮮やかになってくる。葉付きのニンジンやラディッシュが、束にされて積まれる。知人宅で、ラディッシュにバターと塩をつけるとおいしいと聞いて、試してみた。ラディッシュの辛みとバターの風味が意外に合って、乙な味だった。4月ごろにはホワイトアスパラガスが登場する。ゆでてマヨネーズをつけて食べると、おいしい。5月にはサクランボが山積みになる。サクランボは大きくて甘く、価格もそう高くない。サクランボをたくさん食べられる幸せを、フランスで初めて知った。

6月ぐらいからは、メロンが出回る。「メロンをください」と頼むと、マダムは「いつ、食べますか」と尋ねる。「明日」とか「日曜日」などと答えると、その日に食べごろになるメロンを選んでくれる。

夏野菜のキュウリとナス、ピーマンは日本に比べて大きく、最初に見たときは、驚いた。7月と8月のバカンス期間中は、マダムの八百屋は休んでいることが多かった。

秋には、洋ナシやリンゴやマッシュルームが店頭に並んだ。洋ナシを買った場合、マダムは「2、3日置いてから、食べたほうがいいですよ」などと教えてくれる。何度か買い物をするうちに、マダムがおまけをくれるようになった。たくさん購入したときだけだが、代金を支払った後に、パセリの束を「はい、どうぞ」と渡してくれる。

マダムの店では、行列して順番を待っている間に、ほかの客と店の人のやり取りが聞こえる。「一束」とか「ひとつかみ」などの分量の言い方は、ここで覚えた。野菜の名前の語彙も、次第に増えていった。

フランス語では、「一つの」と言うとき、後ろに来る名詞が男性名詞ならば「アン」、女性名詞ならば「ユン」と言う。例えば、キュウリを1本買いたいときは、キュウリ（コンコンブル）は男性名詞なので、「アン・コンコンブル」と注文しなければならない。間違えて、「ユン・コンコンブル」などと言おうものならば、「アン・コンコンブル！」

とすかさず、店の人に訂正される。それが恥ずかしいので、野菜それぞれについて「アン」がつくのか、「ユン」がつくのか、一生懸命に覚えた。

吐く息が白く凍るような冬の朝も、マルシェの人たちは帽子や手袋を身に着けて、店を開く。冷えこみが厳しくても、マダムの笑顔に出合うと心が温かくなった。マダムの店で、野菜と一緒に温もりも受け取っていたように思う。

このマルシェには、ほかにもフランスの食文化の奥深さと広がりを感じさせられる店があった。購入したことはなかったが、馬肉屋があり、赤身の肉やソーセージが並んでいた。根菜専門の店もあり、ジャガイモは、「ピューレ用」「蒸し料理用」などと、用途別にさまざまな種類があった。キノコとハーブを扱う店では、春には野生のアスパラガスに出合った。見ためはツクシのようだ。秋には、日本では見たことのないキノコが店頭を飾る。

口数の少ない、笑顔の優しいムッシューが営む卵屋もあった。スーパーでも卵は売っているが、殻にひびが入っていることがあった。ムッシューの店では、殻にひびが入っていないか、一つひとつ確認してから商品を渡してくれる。丁寧な仕事ぶりが、ありがたかった。この店では、味の良いジャムとはちみつも売っていた。

調理法も聞ける

二回目の滞在の際は、屋内で営業する常設マルシェへよく出かけた。このマルシェのおかげで、フランスの食文化を一層深く味わうことができた。

常設マルシェは、だいたい毎日開いていた。7月下旬から8月下旬までは、バカンスのため閉まる。

マルシェには、食料品を中心とした十数軒の店があった。週末は、来客に振る舞う食材を求める買い物客らの行列ができる。平日はあまり見かけない、共働きらしいカップルが仲良さそうに買い物をしたりしている。店の品ぞろえも豊富になって、活気のある雰囲気に包まれる。

マルシェの肉屋では、さまざまな肉や肉加工品を購入することができた。フランスは肉の種類が多い。この店では、牛肉、豚肉、鶏肉のほか、仔牛、仔羊、羊、ホロホロ鳥、七面鳥などをそろえていた。パテやソーセージなどの肉加工品や、サラダなどの惣菜もあった。

八百屋と同様、店員に欲しい品物の名前と分量を伝えるなど、たくさんの会話をしないと買い物ができない。例えば、「サラミをください」と言うと、店員は「乾燥しているものと、軟らかいものとどちらが良いですか」と尋ねてくれる。ニンジンの細切りサラダを買う場合も、容器に入れる分量について、「これくらいでいいですか」「いいえ、もうちょっと多くしてください」などと、会話をしなければならない。

フランス人は、そんな店員とのやり取りを楽しんでいるようだった。「鶏肉の皮を取ってほしい」と注文をつけたり、調理法を聞いたりもしている。社交の場だから、きちんとした身なりの人が多かった。なかには、きれいに化粧をして、スーツ姿でやって来る年配のマダムもいる。レジのそばにチップを入れる箱があり、下ごしらえを頼んだ客が、チップを置くこともあった。

フランスでは、薄切り肉や骨を外した鶏モモ肉を手に入れることが難しい。スーパーや肉屋で売っているのは、塊の肉や厚切り、骨付きの鶏モモ肉だからだ。日本食料品店では、薄切り肉を売っているが、近くにそんな店がない場合は、自分で作成する。肉を冷凍して包丁で薄く切るのだが、手が冷たくなるうえ力も要るので、なかなか大変な作業だ。

ありがたいことに、この肉屋には、「薄切りなどうけたまわる」などと日本語で書かれたお知らせのポスターが掲げられていた。日本人の客が来るからだろう。

しかし、私が薄切りや鶏モモ肉の骨外しを頼むと、ある男性の店員はまず、「ノン」と言う。「シル・ヴ・プレ（お願いします）」と再度頼むと、「仕方ないな」という顔をして、作業に取りかかる。

「薄切りなどうけたまわる」とポスターに書いてあるのに、どうしたことだろう。この店員の度重なる「ノン」にたまりかね、知人に相談した。すると、知人は「それは、冗談でやっているのでは」と言う。客のお願いを素直に聞くのでは面白くないから、1回断ってじらしているのだという。

似たような体験を、花屋でもしたことがある。知人のピアニストのリサイタルへ家族で出かけたときのことだ。自宅近くの花屋で花束を購入したのだが、地下鉄に乗って持ち運ぶうちに周りの包装紙が破れてしまった。リサイタル会場の近くで花屋を見つけ、包装し直してもらえないか尋ねてみた。

店主の男性はむっつりして、「ノン」と返事する。「代金は払いますから」と夫が言うと、「じゃ、100ユーロ」。あまりに高額なので驚いていると、店主は夫から花束をもぎ取って、手際よく新しい包装紙で巻いた。夫に花束を渡し、にやりと笑って、「無料ですよ」と言う。これも素直にサービスしたのでは面白くないから、という理由だったのだろう。

肉屋の店員の「ノン」は冗談だとわかり、気が楽になった。それからは、薄切りや鶏モモ肉の骨外しを、遠慮なく頼むことにした。私は「鶏モモ肉2本ください。ホネナシでお願いします」と、彼の知っている日本語（ホネナシ）を使って注文する。相手はまず「ノン」と返してくる。こちらは、悲しそうな顔をして、「シル・ヴ・プレ、ムッシュー」と頼む。すると、彼はため息をついて骨を外す作業に取りかかる。こんな芝居を何度も演じた。

フランス人のマダムが肉屋の店員と、冗談の応酬をしている場面にも出合ったことがある。年配のマダムがポテトチップを買おうと、「二つちょうだい」と店員に頼む。店員は「2袋ですか、2枚ですか」と尋ねる。マダムは苦笑しつつ、「2枚くらいは試食でちょうだいよ」と返していた。私は、こんな気の利いた返答はできなかったのが残念だ。

この肉屋での買い物に慣れてくると、いろんなフランス料理を作りたくなった。ある日、ポトフを作ろうと思い立った。牛肉は細かい部位ごとに陳列されており、ポトフにはどの部位がよいのか、よくわからなかった。店員に「ポトフを作りたい」と伝えると、適した牛肉の部位を2種類見つくろってくれた。ブッフ・ブルギニョン（牛肉の赤ワイン煮）やブランケット・ド・ヴォー（仔牛の煮込み）を作るときにも、作りたい料理の名前を伝えると、それぞれ最適な部位の肉を選んでくれた。

仔牛のポピエットという、スパイスを混ぜた豚ひき肉を仔牛の肉とベーコンで覆った半調理品をときどき買った。鍋とオーブンを使う場合のそれぞれの調理法を店員が教えてくれるので、おいしく仕上げることができる。

あるとき、仔牛のポピエットが用意されていなかった。「30分くらい、ほかのところで買い物してから寄ってください。作っておきます」と店員が言ってくれる。頃合いを見計らって、ポピエットを買いに行くと、「鍋でポピエットを調理した後、赤ワインとみじん切りにしたエシャロットを加えて煮ると、いいソースができますよ」と教えてくれる。親切な対応がうれしかった。

フランスならではの肉料理のおいしさも、この肉屋のおかげで味わえた。例えば、日本では見たこともなかった仔牛のレバー。ショーケースの中に、洗面器ぐらいの大きさの塊が鎮座している。「2切れ」などと注文して、店員に薄く切ってもらう。臭みがなく、塩こしょうして焼くだけでも、おいしい。

牛肉のステーキも独特の味わいがあった。必要な枚数を伝えると、店員は冷蔵庫から赤身の肉を取り出して、ステーキ用に切ってくれる。少々筋っぽいが、噛み応えがあり、旨みがある。脂肪が少ない赤身の肉の、味わい深さを知った。

魚の下ごしらえはショー

パリの街中で肉屋はよく見かけるが、魚屋はそれほど多くはない。幸いなことに、常設マルシェには魚屋があり、新鮮な魚介類が手に入った。この魚屋では、商品を並べたショーケースが四角い形に置かれており、中に入っている店員が買い物客に応対する仕組みだった。

客は四角に置かれたショーケースの外側から、店員に声をかけて購入する。ところが、客が多いと、ショーケースの周りを大勢で取り巻く状況になり、どこが行列の始めなのか、さっぱりわからなくなる。

何回か買い物をして判明した、「行列」の仕組みはこんな具合だ。まず、買いたい魚のショーケースの前辺りに行き、待つ。周囲を見回し、自分より前からその辺りで待っていた人を記憶する。店員が、「次は誰ですか」と尋ねるので、自分の順番が来たと思ったら、「私です」と主張して注文する。「次はこの人の番ですよ」とほかの客が示してくれたり、店員も「次はあなたの注文を聞きますよ」などと、予告してくれたりする。順番を飛ばされることは、ほとんどなかった。あいまいな順番待ちシステムだが、意外にしっかり機能していた。

魚屋の魚は、丸ごとか大きな切り身になっている。例えばサケの場合は、大きな切り身から必要な分量を切り取って売ってくれる。店員に「サケを4人分ください」と頼むと、フランス人の考える分量の「4人分」を切り取るので、大きめな4切れになってしまう。日本で売っているサケの切り身の、2倍くらいの厚さがある。我が家には大きすぎるので、サケは「2人分ください」と頼むことにした。自宅でそれを2等分すると、ちょうど良い4切れになる。

サケを切り取った後、店員は「皮を取りますか」と尋ねてくる。私は、「そのままでいいです」と答えていたが、フランス人の客は、「取ってほしい」と答えていることが多かった。また、店員は、サケの切り身から、骨をピンセットで丁寧に抜く。魚に骨が残っていてはいけないらしい。

ショーケースの一角には、水道のあるスペースがあり、まな板が置かれている。ここには、下ごしらえ担当の店員らがいた。丸ごとの魚を購入した場合は、ここでウロコを取ったり、はらわたを抜いたりしてくれる。まな板の前には、チップを入れる箱があった。

フランス人に多いカトリックは金曜日に魚を食べる習慣があるので、金曜日には立派な魚がズラリと並ぶ。土曜日、日曜日など、ごちそう用の魚の下ごしらえを頼む客が多いときは、番号札を渡された。待ち時間にほかの店で買い物した後に、魚屋へ取りに寄ってもいい。しかし、店員らが鮮やかな手つきで包丁を操り、魚をさばく様子はショーのようで、見物しながら待っている客も多かった。

切り身を買うことが多かった私も、ときには丸ごとの魚を購入した。丸ごとの魚には、レモンをサービスしてくれる。何度か買い物をするうち、私を常連客と認識してか、親切にしてくれる店員が現れた。その店員に丸ごとのスズキを注文すると、「お腹にフヌイユ（ウイキョウ）を入れますか」と聞かれる。「お願いします」と頼むと、フヌイユの茎をスズキのお腹に詰めてくれる。このスズキを焼いて食べると、ほんのりとハーブの風味がした。

スズキより価格が低いサバもよく買った。まな板の前の箱にチップを入れるにしても、安価な魚の下ごしらえを頼むのは、気がひける。サバは自宅に持ち帰った後、自分で下処理をして、丸ごと焼いていた。

親切な店員はやがて、サバを買っても、「三枚おろしにしますか」と聞いてくれるようになった。三枚おろしにしてもらえれば、みそ煮も作りやすい。料理に変化がつけられるようになり、ありがたかった。

フランスの魚屋の品ぞろえは、日本とは違う。どんな季節にも、サンマやブリはなかった。

日本の魚屋ではほとんど見かけないが、フランスではよく食べられる魚がエイだ。アンモニア臭があり、骨がたくさんついている。あっさりした味で、クールブイヨンで煮たりする。アンコウもよく見かけた。白身でくせのない味がする。フランス人は焼いたり、煮たりして食べる。舌ビラメも人気があった。購入すると、下ごしらえ担当の店員は、布で皮をはさみ、勢いよく舌ビラメの皮をむいてくれる。「ベリッ」と音がするのが面白い。ムニエルにして食べると、美味だった。また、タラ科の魚は種類が多く、フランス人は、淡泊な味の魚が好みだという印象を持った。

魚屋でも、店員から「冗談」を言われたことがある。ある日、丸ごとのタイを買おうと、「一番小さいのをください」と頼んだ。店員はたくさん並べてあったタイの中から、わざわざ特大の一尾を持ち上げ、「これでいいですか」と言って、にやりと笑う。気の利いた言葉を返せばよかったのだが、うっかり「特大」を購入してしまった。

買い物のコツ

マルシェや専門店での買い物は、行列をしたり、たくさんのやり取りをしたりするので、時間がかかる。買い物カートを引いて、あちらこちらの店を回ると、1時間くらいを費やすこともある。

購入したいものを書いたメモを手にして、フランス人が買い物をする姿をよく見かけた。買い忘れた品物があるとき、また店に戻って行列したり、会話したりするのは、大変だ。「今日のおかずは何にしよう」と、店の前で悩むわけにもいかない。私も効率よく買い物をするために、どの店で何を買うか、メモを作ってから出かけた。

マルシェでの買い物のコースとしては、八百屋へまず行く。買い物カートの一番下に、購入した野菜や果物を入れる。次に肉屋または、魚屋へ。その次は、チーズ屋でチーズやバターを買う。ヨーグルトやジャム、卵も置いていて重宝する。ここでも、卵を購入した場合、ひびが入っていないかどうか、一つずつ確認してから渡してくれた。

実はチーズ屋の店員に、ほめられたことがある。チーズを購入して立ち去ろうとしたら、「感動しました。あなたはフランス語をとてもゆっくり話しますが、正確なフランス語です」と言う。「うちの店へ買い物に来る日本人女性は、みんなそうです」とも、言った。チーズ屋の店員が、日本人に良い印象を持ったのだとしたら、うれしい。

必要に応じて、帰りがけにパン屋に寄って、バゲットを買った。バゲットは半分だけ購入することもでき、1人のときの昼食用にぴったりだ。「バゲット半分ください」と頼むと、店員は手際よくバゲットを切って、紙袋に入れて渡してくれる。

運よく焼き立てのバゲットを買えたときは、幸せな気分になる。外側はカリッとして、中身はモチモチして、格別においしいからだ。重くなった買い物カートを引いて、バゲットを抱えて家路につくとき、ひと仕事済んだという安堵感に包まれる。

二回のフランス滞在で、日常の買い物に関して学んだことがある。商品の品質が良く店員も親切な良い店を見つけたら、意識してその店で買い物をするようにする。そうすると、店の人も常連客と認識して、丁重に扱ってくれるようになる。私がフランス語に堪能でないと知っているから、ゆっくり話してくれたり、辛抱強く私の注文を聞いてくれたりする。ささいな工夫だが、外国で必要な品物をスムーズに購入するためには、重要なことだった。

レストランで

グルメの国に住んでいるのだから、レストランの料理も味わいたい。しかし、フランスでは、レストランは美食を堪能する場であると同時に社交の場でもある。それほど、気楽には出かけられない。「フランスのルパ・ガストロノミック（美食的会食）」は、ユネスコの無形文化遺産に登録されている。フランスの食事に伴う慣習や作法は、後世に守り伝えるべき文化とされているくらいなのだ。外食するとなれば、相応の心構えが必要だった。

レストランの夜の開店時間は、だいたい午後7時半か午後8時からと、日本に比べて遅い。店に入ったら、まず店の人とあいさつをする。テーブルに案内された後、メニューを渡される。やがて、店員がアペリティフ（食前酒）の注文を取りに来る。アペリティフを飲みながら、メニューを見て料理の注文をじっくり検討する。

フランス人は、あれこれおしゃべりしながら、注文を決めるまでに30分くらいかけることもある。前菜とメインが決まったら、店員に伝える。メニューとは別にワインリストがある店では、リストを持ってきてくれる。料理に合わせてワインを選ぶが、高級店ではソムリエに相談することもできる。

料理を口にするまでに、たくさんのやり取りをフランス語でせねばならず、気疲れしてしまう。

日本では複数で会食する場合、それぞれが注文した料理は、出来た順にバラバラに運ばれることも多い。フランスのレストランでは、同じテーブルの料理は同時に提供される。厨房で、同時に出せるように、うまく調整しているのだろう。大いに感心するが、その分出てくるまでに時間がかかる。

フランス東部のアルザス地方へ家族4人で旅行に出かけ、ホテルのレストランで夕食をとったときのことだ。シュークルート(キャベツの漬物とソーセージなどの煮込み)などの料理を注文すると、料理をのせた皿がふたをされた状態で運ばれてきた。テーブルについた各自の前に、それぞれの料理が置かれる。2人の店員がそれぞれ2つのふたに手をかけた。2人は目配せをして、4つのふたを同時に持ち上げ料理を披露してくれた。「何もそこまで」と思うが、レストランでは同じテーブルの料理を同時に出し、客に料理を共に楽しんでもらうことを大切にしている。

前菜、メインと料理を堪能しつつも、気が抜けない。日本では滅多にないことだが、フランスでは食事の途中に店員が客席にやって来て、「すべてうまくいっていますか」

などと、声をかけてくる。笑顔を作り、少なくとも「おいしいです」などと返答せねばならない。

フランスのレストランではメインの肉や魚の分量が、日本に比べて多い。1人前600グラムのステーキなどというメニューもあるくらいだ。そこまでではなくても、フランス人は年配の女性でも大ぶりなステーキを残さず食べる。メインの途中で苦しくなってしまう私は、どうしてそんなことが可能なのか、不思議だった。フランス人が食事をしている様子を何度か見かけるうちに、謎が解けた。フランス人はレストランで、あまりバゲットを食べない。せいぜい、2切れぐらいまでにとどめている。

バゲットは無料で、お代わりもできるので、たくさん食べてしまいがちだ。フランス人を見習ってバゲットの量を減らすと、私も無理なくメインを味わえるようになった。

メインを食べ終え皿が下げられた後、店員は、チーズやデザートの注文を取りに来る。店によっては、いろんな種類のチーズを台車にのせて運んで来る。客は店員に頼んで、好みのチーズを少しずつ切ってもらう。

デザートの後には、コーヒー、ハーブティーなどを頼む。レストランには客を回転させようという発想があまりなく、客は食後の飲み物を味わいながら、好きなだけ食事の余韻を楽しむことができる。テーブルで勘定を済ませて終わりだ。

前菜からコーヒー、勘定まで全行程を完了するのに、2時間くらいはかかる。フランスではよくあることだが、店員がなかなか注文を取りにこなかったり、料理が出てくるのが遅かったりすれば、もっと時間がかかってしまう。

観ると観られる

レストランでの食事は、お金がかかるうえ時間もかかる。フランスには、日本のファミリーレストランやラーメン店のように、気軽に食事ができる店は多くないので、フランス人はそう頻繁に外食しない。また、親しい間柄では自宅に招いて会食する習慣があるため、良い食材を購入して料理し、自宅でもてなしたほうがよいと考える。

しかし、フランスのレストランには、レストランならではの醍醐味がある。

店員は、プロとしての誇りを持って堂々としている。客を楽しませようと、冗談を言ったりもする。長いレストランでの滞在時間、客も同席者や店員との会話を楽しむ一方、ほかのテーブルの客の様子をそれとなく眺めたりもできる。

レストランに集う客は、「観られる」ことを意識している。身だしなみに気を遣い、背筋をピンと伸ばして座っている。優雅にフォークとナイフを使って、料理を口に運ぶ。会話をするときも、ほかのテーブルの会話を妨げないように配慮しているのだろう。節度を保った声の大きさで、おしゃべりしている。

フランスのレストランは、劇場のような場所なのだ。会話を弾ませ、美食を堪能する以外に、客は「観る」と「観られる」の楽しみを味わう。

ユネスコの世界遺産に登録されたプロヴァンという町がパリ近郊にある。最初にフランスに滞在した際、幼かった子どもたちを連れて日帰りでこの町を訪れた。中世の面影が残る街並みを散策した後、昼食をとるためにレストランへ入った。家族で食事をしているとき、少し離れたテーブルに座ったやや年配の男女４人が、こちらをときどき見ているような気がした。

食事を終えたとき、店員が子どもたちにケーキを一つずつ運んできた。このときは、メインだけを注文し、デザートは頼んでいなかった。不思議に思った夫が「デザートは注文していませんが」と、店員に言った。すると、彼は「あちらのテーブルのお客様からのプレゼントです」と説明する。店員が指し示した方向を見ると、私たち家族を見ているようだった4人が、にこにこしながらこちらを見ていた。

4人に向かって「メルシー（ありがとう）」と言って、ありがたくケーキをいただいた。レストランを立ち去るときに、4人のテーブルへ寄り、改めて家族で御礼を言った。すると、女性の1人が「子どもたちがとてもかわいいから、ぜひデザートをプレゼントしたいと思いました」と話す。渡仏してからまだ半年ぐらいのころで、外国での子育てに心細い思いをしていただけに、親切が身にしみた。

二回目のフランス滞在では、自宅近くに劇場気分の味わえるレストランがあった。フランス南西部の料理を出す、気軽な雰囲気の店だった。入り口を入ると左側にカウンターがあり、そこでアペリティフだけ立ち飲みして帰る客もいた。紙のメニューのほか、その日のおすすめ料理が黒板に書かれている。名物は、フォアグラやマグレ・ド・カナール（鴨胸肉のロースト）などの鴨料理だった。黒板のメニューは、季節によって変わる。春にはホワイトアスパラガス、秋にはセップやジロール茸というキノコを使った前菜があった。冬には、トリップ（臓物）の煮込みやカスレ（ソーセージなどと白インゲン豆の煮込み）も登場した。

レストランの店内は、50人くらいの客が入れる広さだった。開店後しばらくすると、女主人が各テーブルをあいさつして回る。常連客のテーブルでは、長々とおしゃべりする。女主人は、いつも朗らかで、ほほ笑みを絶やさない。店内を歩き回って注文を取り、料理を運ぶ。このレストランを劇場に見立てるならば、主演女優という趣だった。

何度か訪れるうちに、私たち家族は女主人と顔なじみになり、大人にはシャンパン、子どもにはジュースがサービスされることもあった。女主人は、我が家のテーブルにあいさつに来たとき、子どもたちに「学校はどう？」などとよく尋ね、気遣ってもくれた。

フランスでは毎年6月21日、フェット・ド・ラ・ミュージックという音楽のイベントがある。街や村のあちらこちらで、無料のコンサートなどが開かれる。夏至の日なので、1年で最も昼が長い。このころは天気が良いうえ午後10時くらいまで明るい。暑くも寒くもないので、快適に過ごせる。

　ある年の6月、女主人のレストランでも、この音楽イベントが催されることになった。「楽しいから、来てください」と、女主人から誘われたので、21日の夜、家族でレストランへ出かけた。この日は店の外にも客席が設けられていたが、私たちは店内のテーブルに案内された。赤いスカーフを肩にかけた店員が、私たちにも赤いスカーフを渡してくれる。女主人や店員はもちろん、客もみんなスカーフを身に着けている。スカーフを肩にかけると、私たちもなんだかうきうきした気分になる。店の外ではベレー帽をかぶった人たちが、バスク地方（大西洋岸のフランスとスペインにまたがる地域）の音楽をにぎやかに奏でていた。

　料理を味わいつつ音楽も楽しんで、この夜のレストランは、まさに劇場のようだった。赤いスカーフもベレー帽も、バスク地方の伝統的な衣装だという。フランス国内にも、さまざまな地域があり、そこには多様で豊かな文化がある。お祭り気分の中で、そんなことも考えた。

　あるとき、女主人が私たちのテーブルにやって来て、レストランの開店10周年を祝うパーティーを開くと伝えてきた。偶然にも、子どもの誕生日と近い日取りだった。「うちの子どももそのころ、誕生日です」と女主人に告げると、「パーティーに来てくれたら、一緒に祝ってあげますよ」と言う。

パーティー当日の夜、レストラン前の広場には、テーブルや椅子が並べられ、100人分ぐらいの席が用意された。この夜は、私と子どもたち、知人のピアニストの4人でレストランへ出かけ、店外の長いテーブルに座った。相席になったのは、黒人の男性5人のグループだった。

男性グループとあいさつをし、会話を交わした。彼らはガボン人だという。ガボン人と会話するのは初めてだった。日本から見ると、中部アフリカにあるガボンは遠い国だ。しかし、フランスからアフリカは近い。ましてや、ガボンの旧宗主国はフランスだ。日本では、滅多に出会えない国の人とも相席になるのは、パリだからなのだろう。多国籍の人が集う都市なのだと、改めて実感した。

この夜も、ベレー帽をかぶった人たちが、バスク地方の歌を歌ったり音楽を演奏したりして、パーティーを盛り上げていた。普段より多い客をもてなすために、臨時の従業員まで雇われていた。女主人は店員に指示を与えたり、客とおしゃべりしたり、いつもに増して忙しそうだ。私たちのテーブルには、やって来る気配がなかった。

食事が終わりに近くなり、「誕生日のことは、忘れられたのかな」と思い始めた。そのとき、女主人に伴われ、音楽を演奏していた一団が、私たちのテーブルへ近づいてきた。子どもの前で、30人ぐらいの男性が「ハッピーバースデートゥーユー」をバスク語で歌い始めた。歌詞は理解できないが、誕生日を祝ってくれていることはわかる。歌が終わると、女主人が子どもに、小さな鉢植えの花をプレゼントしてくれた。ほかの客が盛大な拍手を送ってくれる。私たち家族が、満場の注目を浴びた瞬間だった。

デザートもたっぷり

レストランでは、メインの肉や魚の分量が多いが、デザートも日本に比べて分量が多い。例えば、アイスクリームを注文すると、たいていのレストランでは、2種類のフレーバーを選べる。ケーキの場合も、かたわらにアイスクリームが添えてあったりする。皿の上に、ソースで模様を描くなどして、芸術品のように美しく盛り付けられたデザートが出てくることもある。

「パリ・ブレスト」という、パリとブレスト（フランス西部の都市）の間を走る自転車レースを記念して作られたとされるお菓子がある。リング状に絞り出して焼かれたシュー生地の間に、アーモンド風味のクリームがはさんである。あるレストランで名物のパリ・ブレストを頼んだら、大きなものと小さなものとが皿に盛られていた。自転車の二つの車輪のようでおもしろかった。

デザートに関しては、レストランの気前の良さに驚いたこともある。女主人のレストランでは、クレーム・キャラメル（カスタードプリン）を注文すると、大きな細長い型に入ったまま、テーブルに置いてくれる。好きなだけ、皿によそって食べていいというのだ。リ・オ・レ（コメのミルク煮）も大きなボウルごと運んできてくれる。これも、好きなだけ器によそって食べていい。ありがたい心遣いだが、カロリーも気になる。「好きなだけ食べるべきか、抑えるべきか」とジレンマに陥ってしまう。

ほかのレストランでは、こんな経験もした。「モンブラン」を頼んだら、茶色い栗のクリームが、皿にこんもりと盛られて出てきた。日本風のケーキのモンブランを想像していたので、戸惑ってしまった。泡立てた生クリームがたっぷり入った、つぼが添えられている。この生クリームは、やや黄色っぽく、やや酸っぱい。そして、濃厚だ。ここでも、生クリームを「好きなだけ」栗のクリームにつけて、食べていいという。またもや、ジレンマに陥る。

デザートを食べ終えた後、注文した場合はコーヒーなどの飲み物が運ばれる。そのときも、レストランによっては、マカロンやチョコレートなど小さな菓子が、添えられ出てくる。

思う存分堪能できる、多様なデザートもまた、フランス料理の魅力をなおさらに増している。

第2章　フランス流　7つのポイント

- マルシェは買い物をするだけでなく、店の人やほかの客との交流を楽しむ社交の場でもある。きちんと身なりを整えている人が多い。
- メモに購入したいものを書いておくと、マルシェや商店街で効率良く店を回ることができる。
- 新鮮な食材を手に入れて調理したり、四季折々に旬の野菜や果物を味わったりして、食事を楽しむ。
- フランス人は淡白な白身魚をよく食べる。クールブイヨンで煮たり、ムニエルにしたりする。

お気に入りの店を見つけたら、意識して通うようにすると、常連客と認識され、丁重に扱ってもらえる。

レストランに入ったら、まず店の人とあいさつを交わす。アペリティフを飲みながら、メニューを見てじっくり注文を考える。

レストランに集う客は、ほかの人から観られることを意識している。おしゃれして背すじを伸ばし、優雅に振る舞う。

第3章 仕事も子育ても

女性の就業率83パーセント

最初のフランス滞在の際、子どもを公立幼稚園に通わせて、同級生の母親がほぼ全員、仕事をしていることを知り驚いた。フランスの女性の就業率は、83パーセント。女性が働きながら子育てをすることは、ごく普通のことなのだ。日本では、女性が子育てをしながら、働き続けることは難しい。フランスの女性は、どうして仕事と子育てが両立できるのだろうか。

働く時間が短い

フランスには、働く人が家族と過ごす時間が十分とれるようにする制度があった。

フランスの法定労働時間は週35時間、年間の法定有給休暇は5週間と決まっている。日本の法定労働時間は週40時間、有給休暇は最高で20日なので、フランスのほうが働く時間が短い。

働く時間が短いのに、どうして仕事がこなせるのだろうか。フランス人は勤務時間中、集中して仕事に取り組む。また、日本人は、何事も「手抜きをしない」ことを美徳としているが、フランス人は手抜きができるところでは、手を抜いても構わないと考える。仕事を、合理的かつ効率的に果たしている面もあるのだ。

フランス人の友人宅をある日訪ねたら、友人の夫が在宅勤務していた。在宅勤務というと、少しはゆとりを持って仕事をするのだろうか、などと思っていたら、そうではなかった。友人の夫は午前9時前から書斎にこもって、電話をかけたり、パソコンに向かって作業したりしている。コーヒーを飲みに、サロンへやって来ることもない。

友人の夫は、昼食のとき少し休憩した。しかし、休憩が終わると、気持ちを切り替えてパッと席を立ち、また書斎にこもった。書斎の前を通りかかったとき、テキパキした口調で電話している声が聞こえた。ドア越しに、ピリピリした仕事の緊張感が伝わってくる。普段冗談を言ったりするときとは、全く違う口調だった。

一般的にフランス人は、残業をあまりしない。仕事とプライベートをしっかり分ける習慣があるので、終業時刻になればすぐ帰る。長時間労働をしなくてよいということは、仕事と子育てを両立するうえで、重要なことだろう。

ほぼ全員入れる幼稚園

両親ともに働いている場合、フランスの子どもは3歳までは保育園に通ったり、保育ママに預けられたりしている。しかし、3歳からは、ほぼ全員幼稚園に通う。義務教育は小学校からだが、公立幼稚園が公立小学校と同じくらいたくさんあるうえ、私立幼稚園もあるので、希望者はほとんど入園できるからだ。なかには、公立小学校に併設されている幼稚園もある。

しかも公立幼稚園は保育費無料だ。初めて聞いたときは、耳を疑った。幼稚園にはお金を払って通うものと、思いこんでいたからだ。両親ともに働いていることが前提なので、保育時間に配慮がなされ、さまざまな面で親の負担も少なかった。

子どもが通った公立幼稚園では、入園準備がほとんどいらなかった。証明写真を4枚と市販のスモックを用意するぐらいだった。日本の幼稚園では、入園準備はひと仕事だった。昼食の際に机に敷くランチョンマットやマットを入れる袋、お弁当を入れる袋、手提げ袋、衣服が汚れた場合の着替えを入れる袋など、さまざまなものを手作りしなければならなかった。

また、フランスの公立幼稚園では、色つきのサインペンや絵の具、ノートなどが用意されていた。指定の体操着もない。そもそも、幼稚園のときは体操用の服を用意しなくてよかった。給食費は収入に応じた金額を支払う。また、コオペラティヴという任意の援助金を年数回、支払った。金額はいくらでもよいし、払わなくても構わないという。コオペラティヴは、課外授業の費用などとして、使われるという話だった。

幼稚園の保育時間は、月、火、木、金曜日の午前8時30分から午後4時30分までだった。希望者は、午後6時30分までの延長保育を利用することができた。幼稚園のない水曜日や長期休暇の期間には、預かり保育もあった。働く親にとっては、ありがたいだろうと思った。

朝、子どもの大半は、出勤前の母親か父親に連れられて登園する。制服はないので、子どもたちは私服を着て、「手ぶら」でやって来る。幼稚園から「ハンカチとティッシュを持ってくるように」という指示さえもなかった。日本の幼稚園だと、制服がなくても「胸にハンカチを安全ピンで留める」とか、「帽子をかぶらせる」とか、朝の支度に結構時間がかかる。

私は子どもにハンカチだけは持たせたのだが、ティッシュは園に置いてあるものを使えば用が足りたようだ。朝、子どもにあれこれ持たせなくていいというのは、全く気が楽だった。

昼食は保護者らが子どもを送迎して、自宅でとらせることもできる。共働きの家庭の子どもは、給食をとることが多かった。私の子どもは給食をとっていたが、ランチョンマットなどは敷かなかったという。子どもが衣服を汚した場合には、園で常備しているリサイクルの服に着替えさせてくれた。自前の着替えを袋に入れて園に預けたりする必要がないのは助かった。

私が午後4時30分に子どもを迎えに行くときの、帰りのお迎えの顔ぶれはさまざまだった。親に加えて、黒人やアジア系のベビーシッターやきょうだい、祖父母らしき人もいた。共働きの場合は、いろんな人の手を借りなければ、やはり両立は難しいのだろう。延長保育が終わる時刻のお迎えには、仕事を終えた親が迎えに来るケースが多いようだった。

教育内容も豊か

フランスの公立幼稚園は、教育の内容も充実していた。幼稚園から小学校へスムーズに移行できるように、カリキュラムが組まれている。小学校に入学したばかりの1年生が「授業中に座っていられない」などの問題を抱える、「小1プロブレム」のような話もあまり聞かなかった。

子どもの幼稚園は、年少、年中、年長組に分かれていた。年少組は昼寝の時間があり、小さなベッドが並んだ部屋で、子どもたちは眠る。日本の保育園では、子どもが昼寝に使う布団を持ち帰って干したり、交換のためのシーツを持参したりしたが、フランスの幼稚園では、そのような「親の仕事」はなかった。

給食は、前菜、メイン、デザートを食堂でとる。教師とは別のスタッフが給食の世話をするので、教師は昼休みに休憩できるようだった。

日本の幼稚園は、遊び中心の傾向もあるが、フランスの幼稚園は「教育機関」という趣が強い。年中組からは通知表をもらうし、落第もある。教師も、優しいというより厳しい。

幼稚園の新年度が始まる９月、初日の年少組の教室では、ほとんどの子どもが泣き叫んでいた。これまで家庭で育てられていて、この日初めて集団生活に入るという子どもが泣く。これまで保育園に通っていた子どもも、今までと違う場所に連れてこられたことを察して泣く。担任教師と補助のスタッフが、抱っこしたりして一生懸命あやしていた。しかし、１週間もすると、登園時に泣く子どもは、ほとんどいなくなった。

年少組とはいえ、火曜日はホールで体操、木曜日は園庭で三輪車に乗るなど、カリキュラムが決まっていた。日本の幼稚園同様、歌を歌ったり、絵を描いたり、工作したりもする。子どもたちが最初に取り組んだ作品は、「ハリネズミ」。茶色く塗った粘土に、折ったマッチ棒を刺して作る。クリスマスにはガラスの器を青と金色で塗ったろうそく立てを持ち帰った。ハリネズミといい、ろうそく立てといい、オブジェとして飾ることが出来たり、実用性があったりして、感心させられた。

4人のピエロの絵から同じ形をした絵を選ぶなど、知育ドリル的なものも取り入れられていた。遠足では、バスに乗って農園に出かけ、動物と触れ合ったり、羊の毛をブラッシングしたりした。

年中組になると、アルファベットのブロック体を習う。学期ごとの通知表では、学習面、生活面などで評価される。「お手本通りに単語を書ける」という項目などがあり、「できる」「助けがあれば、できる」「できない」の3段階で評価される。

年長組は、かなり小学校に似た雰囲気になってくる。日本の幼稚園では、教師が子どもと一緒に遊んでくれたりするが、フランスの幼稚園では、教師の仕事は「教える」ことが中心だ。休み時間と授業時間がはっきり分かれ、自由に遊ぶのは、休み時間だけ。授業中は課題に取り組む。

年長組では、アルファベットの筆記体を習う。単語が一つずつ書かれたカードを並べ替え、文章を作る練習をしたりもする。通知表の項目には、「決まりを守れる」とか、「集中して人の話を聞くことができる」などが記載されていた。「自分の席に座っていられる」という項目もある。年長組の間に、子どもたちは小学校へ入学する心構えができていく。

行事は土曜日に開催

幼稚園でしっかり小学校への準備教育をしてくれるとなれば、親は安心だ。送迎の際に担任の教師と顔を合わせるので、心配なことがあれば、質問することもできた。また、年1回の保護者会は土曜日に開かれたので、働く親も仕事を休まずに参加できるだろうと思った。

日本の幼稚園と比べると格段に少ないが、行事もある。行事が少ないから幼稚園からのお便りも少なく、辞書を引いて解読しなくてはならない外国人の親にはありがたかった。行事での親の負担は少なく、親が参加する行事はすべて土曜日に開かれていた。

例えば、3月の土曜日にあった仮装行列では、子どもたちはワニやライオンに扮して、太鼓に先導されて幼稚園の周囲を練り歩いた。材料は幼稚園で用意され、子どもたちが紙や布に絵を描いて、自分のお面や衣装を手作りした。親の関与は、当日の仮装の支度を手伝ったり、行列の付き添いをしたりするためのボランティアだけだった。

日本に比べて唯一、手間がかかると思ったことは、手作りのケーキを差し入れなければならなかった、幼稚園での誕生日会だった。

小学校は学童保育充実

日本では、子どもが小学校に入学するとき、働く母親は「小1の壁」に直面する。

午後7時、あるいはもっと遅い時間まで子どもを預かってくれる保育園から一転して、学童保育は午後6時くらいまでが多い。長期休暇中の学童保育には給食がなく、お弁当を持参させなくてはならない。入学式や保護者会、授業参観など平日の学校行事もある。子どもの小学校入学を前に悩む母親は多いと聞く。

フランスには、そんな「小1の壁」はない。まず、入学式がない。新学年が始まる9月、子どもが入学した公立小学校では、保護者に同伴された新1年生は、まず校内のホールに集まった。クラス分けが発表された後、担任教師とともにそれぞれの教室に入る。保護者は、学校から立ち去る。保護者も子どもも、みんな普段通りの服装だった。

入学した初日から、午前8時30分から午後4時30分まで授業があった。日本の小学校ではしばしば短縮授業があるが、フランスの小学校の授業は、ほとんどいつも同じ時間帯だった。この授業時間は、学校に通い始めたばかりの1年生にとっては、きついようだ。知人のフランス人女性も当時を思い出して、「長すぎて、つらかった」と話したことがある。私の子どもが公立小学校に通っていたとき、水曜日は学校が休みで、土曜日は月に2回か3回、午前中のみ授業があった。

フランスの小学校では、低学年の子どもの送迎は保護者の義務となっている。遠足などの場合を除き、いつも同じ時間に迎えに行けばよいので、親にとっては、わかりやすい。予定も立てやすかった。

放課後は午後6時まで、「エチュード」という補習があり、低料金で預かってくれ、宿題もみてもらえる。残業の多い日本と違い、午後6時であれば、働く親も学校へ子どもを迎えに行くことができるようだ。また、エチュードで宿題を済ませているので、帰宅後に親が宿題をみなくても済む。

「アトリエ・ブルー」という課外講座も、学校で開かれていた。こちらも午後6時までで、曜日により内容が違っていた。卓球やダンス、英語などに加え、フェンシングという講座もあった。費用は保護者の収入に応じて支払うが、やはり低料金だった。学校で習い事ができるということは、働く親にとってありがたいだろう。

水曜日と長期休暇中には、学童保育のような「サントル・ド・ロワジール」が、公立の小学校で運営されていた。保育時間は午前8時30分から午後6時30分ぐらい。料金はこれも各家庭の収入に応じて支払う。給食があり、バスに乗って森へピクニックに出かけたり、気球に乗ったり、プールで遊んだり、楽しいプログラムが用意されていた。

フランスの学校では、万聖節とクリスマスの休み、冬休み、春休みと、約6週間通学するごとに約2週間の長期休暇がある。7月から9月まで2カ月の夏休みもある。いくら有給休暇の多いフランス人でも、すべての学校休暇に合わせて、仕事を休むわけにはいかない。そんなとき、サントル・ド・ロワジールが頼りになる。

学校行事が少ない

フランスの小学校では、入学式だけでなく、卒業式も運動会もない。授業参観もない。緊急連絡網もない。校内を見学できる学校開放の日と、学年末のお祭りは土曜日だった。保護者会は年1回で、やはり土曜日に開かれた。

子どもの学校での様子を実際に見る機会が少ないので、困るかと思ったが、そうでもない。下校時には担任教師が校舎の出入り口まで子どもを連れてくるので、迎えに来た親は学校での様子を尋ねることができる。毎日のように顔を合わせるので、何か問題があったときも相談しやすい。よくよく考えてみれば、行事の際に子どもの姿を見ても、問題解決にはつながらないのだ。

学校行事のために有給休暇を取らなくてよいフランス人は、仕事に集中することができるうえ、自分のために有休を使うこともできる。学校側も、保護者に負担をかけないように配慮している。日本の小学校では、2、3日前に「なわとびを持ってきてください」などと指示され、慌てることがあった。フランスの小学校では、各家庭に常備されていないと思われるものを持参させる場合は、10日から2週間くらい前に指示があった。日にちに余裕があれば、共働きの家庭も当日までに準備することができる。

家計に優しい

フランスの小学校は、家計にも優しい。公立の場合は、授業料は無料。給食費は収入に応じて支払う。幼稚園と同様に、年に数回、コオペラティヴを学校に支払った。課外授業では、映画を観に行ったり、観劇をしたり、美術館へ出かけたりした。豊かな文化のある国だけに、学校の外で学ぶこともたくさんある。

教科書は1年間無償で貸与された。代々の生徒が使うため、ビニールのカバーをかける。何冊もある教科書に一つひとつ、カバーをかけるのはひと仕事だった。学年の終わりに返すのだから、きれいに使わなければならない。連絡帳や各教科で使うノートが学校で支給されたのには、驚いた。親は筆入れと鉛筆など最低限の学用品を用意すればよい。学校指定の上履きや体操着などもなかった。

学校から「体育の授業の際に着る服を用意するように」との指示はあった。しかし、色などの指定はなかった。水泳の授業用に、水着と水泳帽を準備する必要もあったが、やはり細かい指定はない。すでにトレーニングウェアや水着を持っていれば、それを使うこともできる。日本では何万円もするランドセルを用意するが、フランスの子どもが背負うカルターブルという横長のかばんは安価だ。ナイロン製のカルターブルが数千円で購入できた。

入学してから４カ月ほど経ったころ、「万年筆を用意してください」という指示があった。万年筆には高級というイメージがあり、「いったいどんな万年筆を買ったらよいのか」と、戸惑った。知人に尋ねると、スーパーで売っている値段の張らないものでよいのだという。

スーパーの文具売り場に出かけると、学校用らしき万年筆がたくさんあり、適当な品を購入することができた。フランスの学校では、鉛筆は下書きや絵を描くときにだけ使うのだという。ノートをとるときは、ボールペンか万年筆で書く。テストの答案などは、万年筆で書くことしか許されない場合もあるそうだ。小学生が万年筆を使うと、手が汚れたり、間違えた場合はインク消しを使ったりで、なかなか大変だ。

子どもが通った公立小学校では、１クラスが20人程度だったので、担任教師の目が行き届いているように思った。

少人数教育のためか、頻繁な長期休暇のためか、フランスの学校は不登校の生徒が少なかった。黒人やアラブ系、アジア系など、さまざまな背景を持った生徒がいるので、「みんなと同じようにしなくては」という同調圧力が少ないせいもあるのかもしれない。周囲を気にせず、自分らしく振る舞え、気楽な面もある。生徒たちは、みんな個性豊かだ。

一方で、小学校では落第もあれば飛び級もある。勉強についていけなければ進級できず、再び同じ学年で学ぶ。優秀な生徒は1学年飛ばして進級する。自分に合ったレベルで学ぶことは、どの子どもにとっても良いことだろう。親も落第について、日本の親ほどの抵抗はないようだった。勉強がわからないまま進級して、ますますわからなくなるより、同じ学年の勉強をやり直して進級するほうが、我が子のためになるという考えからだと聞く。同級生も落第した生徒を偏見の目で眺めることはないようだった。

教師は教えることに専念

フランスの教師は、日本の教師よりも教えることに専念できる環境にあると感じた。休み時間、教師は教室にカギをかけ、生徒を外へ出す。寒い季節でも、生徒は校庭で遊ばなくてはならない。したがって真冬は、子どもに帽子をかぶせ、手袋と分厚いコートを身に着けさせ、ブーツを履かせて、登校させなくてはならなかった。雨天の場合は、生徒はホールで休み時間を過ごす。休み時間中は、教師とは別の監視員が見守るので、教師は休憩できる。

午前11時30分から午後1時30分の昼休みには、生徒は専任のスタッフがいる食堂で給食をとる。給食を食べ終えた後は、監視員の監督の下、校庭などで遊ぶ。昼休みの間、教師は専用の食事室で昼食をとってもよいし、学校の外に出て昼食をとっても構わない。

学校開放の日に、教師専用の食事室を見る機会があった。テーブルにはテーブルクロスがかけられ、花が飾られていた。ここならば、ゆったりと昼食をとることができるだろうと思った。校内の掃除は、専任のスタッフが担当する。教師は掃除をサボる生徒を注意したり、掃除の監督をしたりする必要もない。

入学式や卒業式、運動会はないので、その準備に時間をとられることもない。休憩をとれることが示すように、労働者としての権利も守られている。私の滞在中には、年金問題をめぐる教師のストライキもあった。同じ学校でも複数の労働組合があり、このときは一部の組合だけがストライキをした。そのため、あるクラスの担任はいないが、別のクラスの担任は授業をしているという状況が生じていた。

フランスの学校には、フランス語がよくわからない外国人の子どもを受け入れる、懐の深さもあった。私の子どもを含めた外国人の数人は週2回、各自のクラスから離れて別の教室で、フランス語を指導してもらっていた。少人数の授業は楽しい雰囲気で、学年の終わりには、子どもたちは担当教師と一緒にケーキを作って食べたという。私の子どもは卵を割る係だったがうまく出来ず、「卵の中身が飛び出して、腕にのっかった」と、帰宅して愉快そうに報告した。

小学校入学時の最初の保護者会が終了した後、担任教師は自分が話した内容を記した紙を、私ともう1人の外国人にさりげなく渡してくれた。同級生の保護者の中にも、「何かわからないことがあれば、いつでも聞いて」と申し出てくれた母親がいて、心強かった。日本へ帰国する際には、同級生が「日本でも頑張れ」などと寄せ書きに1人ずつ子どもへのメッセージを書いて、別れを惜しんでくれたことも心に残っている。

フランスの公立大学は授業料が無料なので、幼稚園から大学まで全部公立に通えば、教育費の負担は少ない。日本では、経済的な理由から子どもを持つことをあきらめる人がいる。フランスのようなシステムがあれば、安心して子育てすることができるのではないだろうか。

夫の協力

フランスでは、労働者を守る制度が浸透しているので、男性も家事や育児に関わる時間が持てる。幼稚園や小学校へ、スーツ姿の父親が子どもを送迎するのは、当たり前の光景だ。週末の公園では、大勢の父親が子どもを遊ばせている。学校の保護者会に出席する父親も多い。

そんなフランス人の男性の活躍ぶりをつぶさに見る機会があった。共働きで3人の子どもがいるフランス人宅に週末、滞在したときのことだ。

一番の早起きは父親のギョームだった。週末くらい、妻にゆっくり休んでほしいという思いやりだろう。朝食のために、焼き立てのクロワッサンをパン屋へ買いに行き、カフェオレを用意してくれた。朝食後も後片付け、食料品や日用品の買い出し、室内の掃除、庭の手入れ、洗濯物にアイロンをかけるなど、目まぐるしく働く。ものすごい集中力で、家事をこなしている。しかも、妻の指示に従って動くのではなく、自主的に動いているのだ。

ギョームは料理も得意だ。夕食にはお手製のブッフ・ブルギニョン（牛肉の赤ワイン煮）とチョコレートムースを振る舞ってくれた。どちらも手間のかかる料理だ。「作るの、大変じゃなかった？」と尋ねると、ギョームは「家族や友人のために料理するのは、僕の喜びなんだ」と言う。

私たちの食べたものが、私たちの身体を作ったり、活動のエネルギー源になったりする。ギョームはおいしい食事で家族を喜ばせると同時に、家族が元気に過ごすことも願っているのだろう。衣服を洗濯することや、家を掃除してきれいに保つことも、家族が気持ちよく健康に過ごすことにつながる。家事は、家族に幸せをもたらす尊い仕事だ。黙々と家事をこなすギョームの姿に、そんなことを思った。

また、ギョームは「妻は職場で責任のある仕事をしている。とても優秀だ」とも話してくれた。仕事を通じて社会に貢献する妻を、誇りに思っているようだった。家事を担うことで妻の負担を減らし、そんな妻を側面から応援してもいる。フランスで女性の社会進出が盛んな背景には、ギョームのように妻の仕事に理解のある男性の存在がある。

祖父母の応援

おじいちゃん、おばあちゃんも、働く母親にとって、頼りになる存在だ。私がフランスに滞在していたとき、公立の幼稚園と小学校は、水曜日が休みだった。親が水曜日に仕事を休めない場合、祖父母が孫を預かるケースもあった。幼稚園や学校の長期休暇中、祖父母の自宅や別荘に出かけ、一緒にバカンスを過ごす子どもも多かった。祖父母と孫が関係を深める、良い機会になっているようだ。

母親への重圧が少ない

フランス人の母親は、「母親として、こうしなければ」というプレッシャーから解放されているように見えた。

フランス人の赤ちゃんは、生後数週間で自分1人の部屋で眠るようになると聞いていた。幼稚園ぐらいまでは川の字になって眠る、という日本人の常識が頭にこびりついていた私は、友人のセシル宅で実際に目にしたときは驚いた。

自分の部屋のベビーベッドの中で、セシルの赤ちゃんは悠々と1人で眠っていた。でも、万が一の事故とか突然死とか、母親は心配ではないのだろうか。

セシルは「泣いたら聞こえるから大丈夫。部屋に行って、おむつを替えたり、母乳をあげたりすればいいのよ」と言う。なるほど、そう言われてみればその通りだ。夜の間だけでも赤ちゃんから解放されれば、母親は気が楽だし、夫婦だけの時間も持つことができる。

セシルは母乳で育てていたが、「母乳で育てなければ」とこだわっている母親は少ないという。離乳食も手作りにこだわらず、ビン詰などを利用する。スーパーの離乳食売り場は、日本以上に充実していた。

子どもが幼稚園に入る前、平日の午前中に子どもを連れて、しばしば公園へ出かけた。砂場やすべり台があり、花や緑が多く、秋にはマロニエの実がたくさん地面に落ちていた。平日の公園には、黒人のベビーシッターが多かった。働く母親の代わりに、乳幼児の世話をしているのだろう。カラフルな民族衣装を着てベンチに座り、フランス語ではない言葉でおしゃべりしている。子どもの面倒をみながら、家の掃除などもしてくれると聞いた。

少ないながら、自分の子どもを連れて来ている母親も見かけた。彼女たちは、たいていベンチで本や雑誌を読んでいる。子どもにずっとついて回るのではなく、自分の目の届く範囲で自由に遊ばせておく。読書しつつ子どもの様子をうかがい、危険だと判断した場合は、そばに行く。子どもが転んだときも、すぐに駆け寄ったりはしなかった。しばらく様子を見て、泣かずに立ち上がって再び遊び始めたら、そのまま遊ばせていた。フランス人の子育ては、子どもの自立を促すことを重視しているのだと思った。ベビーシッターたちも同じように対応していた。

フランス人は夫婦で過ごすことを大切にし、2人でレストランへ出かけるときなど、夜間にベビーシッターを頼むことも多い。配偶者の同伴が必要なパーティーや重要なディナーもあり、そんな場合もベビーシッターを頼むと聞いた。

また、私の印象では、フランスの親には、上を目指して子どもにガリ勉をさせるというような切迫感はなかった。成績優秀な子どもは、自主的に勉強に取り組んでいた。日本には塾がたくさんあるが、フランスでは塾の存在感が薄い。数が少ないうえ、基本的には成績不振な子どものサポートを目的としている。

上昇志向が強くない背景には、階級がある程度固定化しているという事情もある。

しかし、ずばぬけた学歴がなくても、普通の仕事につければ、年間5週間の法定有給休暇を与えられる。それほど高収入でなくても、バカンスを楽しみ、身の丈に合った暮らしができれば幸せだ。フランスの親は、そんな風に考えているのかもしれない。

簡単なお弁当

日本の母親が感じるプレッシャーの一つに、子どものお弁当作りがある。まず、メニューを決めてお弁当用の食材を用意しなくてはならない。朝は早起きして、朝食を作りつつ、お弁当のおかずも調理する。ご飯やおかずを弁当箱に詰めた後、冷ましてからふたをする。傷まないよう、衛生面にも気をつけないといけない。結構、負担に感じる作業だ。キャラ弁を作ろうなどと思ったら、なおさらだ。

こんな、お弁当プレッシャーからも、フランスの母親は解放されている。幼稚園や学校では、遠足のときなどだけお弁当を持って行くが、普段は作らなくてよい。フランス語では、お弁当のことを「ピクニック」と言う。遠足のお知らせに「ピクニックを持ってきてください」などと書かれる。

あるとき、フランスのお弁当、「ピクニック」の実態を見る機会があった。

フランスの幼稚園や学校では、遠足のときに保護者から付き添いのボランティアを募集する。子どもが幼稚園に通っていたとき、パリ市内の国立自然史博物館へ遠足に出かけることになった。付き添いに応募してみようと思ったが、フランス語に自信がない。「フランス語がうまく話せないが、付き添いをしてもよいですか」と担任教師に尋ねると、「あなたは母親なのだから、大丈夫」と言ってくれた。

遠足当日、私は自分の子どもと男の子1人の計2人の担当になった。ほかの母親は、4人ぐらいの子どもを担当していた。担当の2人と手をつなぎ、緊張しつつ地下鉄に乗り込む。

無事、博物館へ着いた。子どもたちは、館内の見学をする前に教室くらいの大きさの部屋へ入り、博物館のスタッフから話を聞いた。次に、広々とした館内を見学する。ゾウやキリンなどのはく製が、数多く展示されていた。見学が終わると、戸外で昼食をとることになった。

子どもたちがリュックから取り出したのは、バゲットにハムをはさんだサンドイッチとチーズ、ミカンなど。サンドイッチはアルミホイルに包まれていた。フランスのラップは薄くて柔らかく、サンドイッチを包むには適していないからだろう。

昼食が終わると、子どもたちは仲良く遊び始めた。手の込んだお弁当を食べなくても、遠足は楽しいものなのだ、と思った。付き添いをしたほかの母親数人は、全員仕事を休んできたという。行事が少ないので、幼稚園での我が子の様子を知る貴重な機会なのだろう。

子どもが小学生のときにも、遠足の付き添いをする機会があった。

このとき、昼食時に子どもたちがリュックから取り出したのは、パック入りのハム、チーズ、バゲット、ポテトチップなど。バゲットに、自分でハムやチーズをはさんで食べる。丸ごとのキュウリをバリバリとかじっている男の子もいた。アルミホイルで包んだサンドイッチを持ってきている子どもは、それほど多くはなかった。小学生はサンドイッチを自分で作りなさい、ということだろうか。子どもたちは昼食後、鬼ごっこのような遊びを始めた。

みんなが簡単なお弁当ならば、恥ずかしいこともない。帰宅した後、弁当箱やはしを洗う必要もない。フランスの「ピクニック」に感心した。

二つの世界

ある朝、子どもを幼稚園に連れて行ったとき、話しかけてくるフランス人の女性がいた。かたわらには、子どもの友達のエリーズがいる。エリーズの母親だった。彼女の話すフランス語が理解できず、戸惑っていると、「あなたは英語を話しますか」と英語で尋ねてくれた。「はい」と答え、その後は英語でのやり取りになった。

エリーズの母親は「水曜日は仕事が休みなので、家に来て遊びませんか」と、私の子どもを誘ってくれたのだとわかった。子どもがフランスの幼稚園に通い始めて、5カ月が経ったころ。初めてのフランス人の友達からの誘いに、私のほうがうれしいくらいだった。

約束の水曜日の午後、子どもをエリーズの家へ連れて行く。迎えに来る時間を確認して、子どもを預けて帰る。エリーズと一緒に楽しく遊んで過ごしたようだ。

その後も、エリーズの母親は仕事が休みのとき、私の子どもを自宅へ招いて遊ばせてくれた。夕食をごちそうしてくれたこともある。家にいるときは、エリーズの喜ぶことをしてあげたいと思っているようだった。

親が子どもの幸せを願う気持ちは、国が違っても、やはり同じなのだ。

子どもが小学生のときには、こんなこともあった。夕方、小学校へ迎えに行ったとき、友達のカロリーヌの母親から声をかけられた。「あなたは子どもの宿題をみるのが、大変でしょう。木曜日の夕方、カロリーヌと一緒に私がみましょうか」と言ってくれる。

小学校の勉強も難しくなってきて、詩の暗唱や書き取りの宿題をみるのに、苦労していた。それから、私の子どもは毎週木曜日、カロリーヌの家で宿題をするようになり、大いに助けられた。仕事を持つカロリーヌの母親は、「時間に余裕のあるときは、カロリーヌの面倒をよくみてあげたい」と話していた。

エリーズの母親もカロリーヌの母親も、職場で重要な仕事を担っていた。職場と家庭、二つの世界を持つ彼女たちは、仕事で能力を発揮する一方、家族に愛情深く接していた。二つの世界を持つことが、彼女たちの人生を一層豊かにしているのだと感じた。

第3章　フランス流　7つのポイント

- 勤務中は仕事に集中する一方で、手を抜けるところでは手抜きもいとわない。合理的かつ効率的に働く。
- 3歳からは、ほぼ全員幼稚園に通う。入園するときは、手作りの入園グッズを準備する必要がなく、手間がかからない。行事が少ないうえに、行事での親の負担が少ない。
- 公立大学は授業料が無料。幼稚園から大学まで全部公立に通えば、教育費の負担が少ない。

労働者を守る制度が浸透していて、男性も家事や育児に関わる時間が持てる。夫は妻が仕事を通じて社会に貢献することを誇りに思い、応援を惜しまない。

赤ちゃんは自分の部屋のベッドで1人で眠る。子育てでは自立を促すことを重視する。

フランスの夫婦は2人で過ごす時間を大切にする。夜、ベビーシッターに子どもを預け、レストランへ出かけることもある。

母親が感じるプレッシャーが少ない。遠足に持って行くお弁当は、バゲットにハムとチーズを挟んだサンドイッチなど簡単なものでよい。母親は、お弁当プレッシャーから解放されている。

第4章

良いバカンス、良い週末

大使夫人との出会い

最初のフランス滞在のために渡仏したとき、フランス語があまり話せなかった。スーパーでの買い物にはそれほど不自由しないが、マルシェで買い物もしてみたい。子どもを医者に連れて行ったり、幼稚園の教師と話したりするときも、もっとフランス語が話せれば便利だろうと思った。

幼稚園に入る前の子どもがいて外出が難しいため、フランス語の家庭教師を探した。夫の知人が紹介してくれたのが、ロレーヌ・ウーヴリユーさんだった。英語が堪能な女性と聞いていていた。

7月初め、バカンス前のロレーヌさんが顔合わせのために我が家へやって来た。ロレーヌさんは、自分の父親は「駐日フランス大使だった」と話した。そんな話は事前に聞いていない。その夜帰宅した夫にロレーヌさんの名前を告げると、元フランス大使のジャン＝ベルナール・ウーヴリユー氏の娘さんだとわかった。

秋から、ロレーヌさんとの週１回のレッスンが始まった。彼女は教え方が上手で優しく、私はレッスンの時間が楽しみだった。ところが、翌年の春には、ロレーヌさんは仕事が忙しくなり、レッスンの時間が続けられなくなった。後任には、自分の母親を紹介してくれるという。しかし、母親というと大使夫人だ。そんな人に家庭教師をお願いしていいのだろうか。

学校が春休みのころで、アラベル夫人は、フランス南西部にあるウーヴリユー大使の実家に滞在していた。ロレーヌさんによると、「英語は私よりうまい」という。

アラベル夫人がパリに戻ってから、まず電話でレッスンの約束をする。

初レッスンの日、アラベル夫人は時間ぴったりに現れた。大使夫人と聞いて、「失礼のないようにしなくては」と緊張していたが、気さくな人だった。エレガントな雰囲気で、優しくほほ笑む。フランス語だけでなく、フランスの文化や習慣についても教わり、私はまたレッスンの時間が楽しみになった。

アラベル夫人はウーヴリユー大使とともに、日本に４年間滞在した。そのためか、とても時間に正確だった。午前10時からレッスンをお願いしていたが、10時ちょうどぐらいに「ジリリ」とアパルトマンのインターフォンが鳴る。少しでも遅れる場合は、必ず電話をくれる。

週1回か2回お願いしたレッスンは、最初の滞在を終えて私が帰国するまで続いた。初めは英語での会話が多かったが、次第にフランス語での会話が増えていった。私がフランス語でどうにか意思疎通できるようになったのは、ロレーヌさんとアラベル夫人のおかげだと感謝している。

外交と田舎暮らし

フランスの学校には、年5回の長期休暇がある。そのたびに、アラベル夫人はフランス南西部のサン・シール・ラポピー村の近くにある大使の実家へ出かけた。私とのフランス語のレッスンは、お休みになる。パリの自宅から大使の実家までは、車で5時間半の道のり。大使と一緒に、ペットの犬と猫を連れて向かう。

アラベル夫人は大使の実家に行くときは、「ロットに行く」と言っていた。実家のある場所は、ロット県だからだ。アラベル夫人が足しげく通う、「ロット」とはどんなところなのだろう、と興味を持った。

ある年のクリスマス休暇に、家族でロット県へ旅行する計画を立てた。レッスンの際にその話をすると、アラベル夫人は即座に「うちで一緒に昼食をとりましょう」と誘ってくれた。

サン・シール・ラポピー村は、「フランスの最も美しい村」の一つとして認定されている。絶壁に張り付くようにして家々が建ち、詩人で作家のアンドレ・ブルトンや画家の藤田嗣治らを魅了してきた。村内には、13もの歴史的建造物があり、近くには先史時代の壁画で覆われたペッシュ・メルルの洞窟もある。

この美しい村を散策した後、大使の実家を訪ねた。アラベル夫人が昼食の準備をしている間に、大使の案内で家の周囲を散歩する。下のほうを、ロット川が流れていて、眺めがよい。大使の少年時代の楽しみは、カヌー遊びだったそうだ。裏庭には、小さなプールもあった。「ここは、夏とても暑くなります。プールは、贅沢ではなく必需品です」と説明してくれた。

アラベル夫人が用意してくれた昼食をいただきながら、日本とフランスのバカンスの違いなどについて話した。日本人は休暇が取れれば、旅行に出かけて観光する。フランス人は別荘を持っている人も多いので、別荘に滞在してのんびり過ごすと、大使夫妻は話した。

実は、大使の実家がある集落には、商店もカフェもない。パン屋さえもない。「不便ではないのだろうか」などと心配になってしまった。

大使は、イラクやアメリカ、韓国、ブラジルなどさまざまな国に勤務した。世界を飛び回りながら、休暇のたびに実家へやって来て英気を養ったという。華やかな外交の世界で活躍する一方、地味な田舎でゆったりと過ごす。「二つの別な世界があるからこそ、楽しいのです」と話す。アラベル夫人も、都会と田舎を行き来するライフスタイルが、気に入っている様子だった。

サロンに場所を移して、コーヒーを飲みながらおしゃべりする。暖炉には、あかあかと火が燃え、ときおり「パチッ」と薪がはぜる音がする。ソファのかたわらには、大使夫妻の飼い犬のフヌイユが寝そべっていた。子どもたちがフヌイユの頭をなでる。穏やかな時間が過ぎていく。

私たち家族が車に乗りこみ、次の目的地へ出発しようとしたとき、雨が降ってきた。大使夫妻は傘もささずに、私たちを見送ってくれた。

何もしないのが最高

フランスに暮らす前、「バカンス」とは夏休みのことだと思っていた。ところが、フランスでは年5回の学校休暇をすべて「バカンス」と呼ぶ。各バカンス前の最後の登校日、学校へ子どもを迎えに来た親は、「良いバカンスを」と言い合う。

5回のバカンスのうち、春休みと冬休みは、地域によって日にちが違う。フランス全土を3つのゾーンに分けて、学校の休みを違う期間にする。道路の渋滞やスキー場のリフトの混雑を緩和するためと、聞いたことがある。

しかし、フランス人が一番楽しみにしているのは、やはり夏のバカンスだ。5月ごろから、「夏のバカンスはどう過ごすか」が話題になる。「フランス人はバカンスのために働いている」と聞いたことがあるが、本当かもしれない、と思ってしまう。

常設マルシェは夏に1カ月休業するが、個人商店の多くも同様だ。書き入れどきであるはずの夏に、有名なアイスクリーム専門店が1カ月店を閉めると知ったときは驚いた。レストランも長い夏休みをとる。8月のパリはオペラもバレエも休演。オーケストラのコンサートも休演だ。人が少なくなった街は、幾分ひっそりとする。

フランス人の夏のバカンスの行き先は、国内が多く、なかでも海辺が人気だと聞く。7月初めなど、出発が集中する週末を「グラン・デパール（大出発）」といい、道路も鉄道も空港も混雑する。

グラン・デパールではなくとも、バカンス中の週末は、パリから地方へ向かう道路は車が増える。自転車を積んだ車やキャンピングカーがかなり多い。ベルギーやオランダなど外国のナンバーを付けた車も走っている。後部座席に荷物を満載していて、「あれでは、後ろが見えないのでは」と、こちらをやきもきさせる車もある。別荘や貸別荘に滞在する場合は、数週間過ごすこともあるので、荷物も多くなる。

フランス人にとっては、非常に重要なバカンス。バカンス先でフランス人は何をしているのだろう。

ある夏、家族でフランス西部のイル・ド・レ（レ島）という島へ出かけた。知人のフランス人男性が「とても良いところだ」と勧めてくれたからだ。大西洋岸の港町ラ・ロシェルから、車で橋を渡ってレ島へ入る。

レ島は全長約26キロの細長い島だ。車で回ってみると、レ島にはあまり観光名所がなかった。灯台と要塞を見て港を散歩したら、見物するものがなくなってしまった。何もすることがないので、子どもを公園でブランコに乗せたりする。パリの公園では、ブランコが有料のところが多い。「7分間で2ユーロ」といった具合に時間制限があるのだが、レ島のブランコは、ありがたいことに無料だった。

翌日は、ビーチへ出かけた。晴れていたが、気温は20度ぐらいで、風が吹き肌寒いくらいだ。寒がりの私は、とても水着になれない。大西洋の水に手をつけると、冷たかった。

フランス人の中には、海へ入っている人もいる。しかし、大半はビーチで寝そべっているか、座っている。本を読んでいる人もいたが、たいていは目をつぶっているか、ぼーっとしている。何もしていない。

青い海と青い空が広がり、人出はそれほど多くないので、静かだ。心が安らぐ。フランス人にとって「とても良いバカンス先」とは、都会の喧噪から離れて、のんびりできる場所。何もせず休養するのが、最高のバカンスなのだ、と思った。レ島は人気のリゾート地の一つで、夏のバカンスの際には島の人口の何倍もの人が訪れるという。

しかし、「旅行に出かけたら、観光する」という考えにとらわれていた私は、少々寂しい気持ちもした。

翌年の夏には、南仏のコート・ダジュールへ家族で出かけた。詩人で作家のジャン・コクトーが壁画を描いた礼拝堂のあるヴィル・フランシュ・シュル・メールなどに滞在した。ヨーロッパ屈指のリゾート地だけあって、こちらのビーチは賑やかだ。しかし、日本のビーチのようには混雑していない。紺碧の地中海に、真夏の太陽が照りつける。

気温も水温も高く、南仏では海に入ることができた。

コート・ダジュールでも、人々は主に、ビーチで寝そべっているか、座っているかだ。「何もしないバカンス」を満喫している。水着ではなく洋服姿の年配のマダムが2人、椅子に座ってじっと海を眺めていた。ときおり小声でおしゃべりするが、すぐ黙り込んで遠い目をして沖を見る。2人の横顔には、深いシワが刻まれていた。これまでの人生を、振り返ってでもいるのだろうか。マダムたちは、悠々と座り続けていた。

8月末の週末は、バカンス先から戻る人が多い。Uターンラッシュは「グラン・ルトゥール（大帰還）」といい、再び道路や交通機関が混雑する。

家族で地方へ旅行に出かけ、グラン・ルトゥールの日に列車でパリへ戻ったことがある。パリの駅に到着し、タクシー乗り場へ向かう。大きなスーツケースを引いた人たちが、長蛇の列を作っている。ところが、タクシーがなかなか来ない。30分待って、ようやく乗り込むことができた。「ずいぶん、待ちましたか」と運転手が尋ねてくる。「はい、30分ほど」と答えると、「タクシーの運転手もバカンスを取っていますからね」と説明してくれた。

夏には、遠出をしなくても、パリの街中で手軽にバカンス気分を味わうことができる。セーヌ川の岸辺に毎年夏、「パリ・プラージュ（パリの砂浜）」が設けられるからだ。岸辺の道路に大量の砂が運び入れられ、ビーチが作られる。パラソルや椅子が並べられるので、海辺と同じように読書や日光浴ができる。水着姿になって寝そべる人もいる。

ところで、フランスの学校は夏のバカンスに宿題を出さない。市販の夏休みの学習帳などはあるので、意欲のある子どもは自主的に勉強する。2カ月もある夏のバカンスには、勉強以外にもいろんなことができる。家族と旅行に出かけたり、友達と遊んだり、スポーツを楽しんだり。フランスの子どもたちは、ゆっくり休養する一方、見聞も広めて、一回り成長する。

週末は田舎へ森へ

二回目にフランスに滞在した際、子どもが通った私立校では、土曜日に授業がなかった。金曜日、小学校へ子どもを迎えに来た親は、「良い週末を」と言い合って別れる。

フランス人にとって「良い週末」の過ごし方の一つは、やはり都会の喧騒から離れること。知人の中には、パリ近郊の別荘へ毎週行くという家族もいた。フランスでは別荘を持っている人も多い。日本では、別荘を持てるのは富裕層に限られるというイメージだが、フランスではサラリーマン家庭でも難しくない。

別荘は、フランス語で「メゾン・ド・カンパーニュ」という。直訳すれば、「田舎の家」だ。確かに、パリから車を1時間ぐらい走らせるだけで、風景が田舎になる。畑が広がり、円筒形にまとめられた干し草のロールが、牧草地に転がっていたりする。レンガ造りの建物が立ち並ぶパリに、一戸建ては少ない。手狭な都会のアパルトマンを離れ、田舎の一軒家でゆったり生活すると解放感を感じ、良い気分転換になるのだろう。

私の子どもが中学生のとき、「一緒にカンパーニュ（田舎）へ行こう」と言って、たびたび別荘に招いてくれる友達がいた。土曜日の朝、友達の父親が運転する車で子どもを迎えに来てくれる。別荘に到着したら、友達の母親らと買い物に出かけたり、友達と周辺を散歩したりして、ゆっくり過ごす。友達の父親は室内のブリコラージュ（日曜大工）に励んでいた。別荘でくつろぐ友達の一家は、とても楽しそうだったという。別荘を持っていなくても、「良い週末」を過ごす方法はたくさんある。しかも、あまり費用もかからない。

例えば、パリの東と西に広がる森へ出かける。

最初にフランスに滞在したとき、友人のイネスから「週末に森へ行こう」と誘われた。ある春の午後、イネス一家と私たち家族で、東にあるヴァンセンヌの森へ出かけた。イネスの勧めに従って、幼かった子どもたちの自転車と三輪車を車に積んで運んだ。

パリの街中では、あまり自転車遊びをする場所がない。森の中は人も少ないので、思う存分自転車に乗れる。子どもたちは歓声を上げて、自転車と三輪車を乗り回した。イネスの息子も大喜びで自転車をこぐ。

午後4時ごろになり、イネスが毛布を地面に敷いてくれた。おやつの時間だ。毛布の上に座って、イネスが持参した果物のタルトをみんなで食べる。頬をなでる春風が気持ち良い。森の中で食べるおやつは、一層おいしく感じた。

二回目にフランスに滞在したときは、西にあるブーローニュの森へ何度か出かけた。家族４人でレンタサイクルをしたこともある。整備された道を、自転車で走る。森の澄んだ空気を深々と吸いこみながら、風を切って自転車をこぐのは、全く気分爽快だった。

ブーローニュの森は、散策も楽しい。道端に可憐なスミレの花が咲いていたりして、心が和む。森の中には湖もある。湖畔でピクニックや日光浴をする人もいる。少し暖かいと、水着になって肌を焼く人もいてびっくりする。フランスでは、「日焼けは格好いい」というイメージなのだと聞いた。

パリの街から出なくても、広々とした公園が街中にいくつもある。天気の良い週末には、大勢の人が芝生の上で寝そべったり、座っておしゃべりしたりしている。ペタンクに興じる人もいる。ペタンクは南仏発祥のスポーツで、金属製の球を投げて、標的の球にどれだけ近づけるかを競う。無料の卓球台がある公園では、卓球もできる。

年配の夫婦が、きちんとした身なりをして腕を組んで、公園を散歩する姿もよく見かけた。帽子をかぶってスーツを身に着けている。２人とも背筋をピンと伸ばして、ゆっくりと足を運ぶ。健康のためのウォーキングだったのかもしれないが、とても優雅に見えた。

マロニエの白い花が咲く春の公園で、子どもたちと風景をスケッチしたことも印象に残っている。鉛筆で下絵を描き、色鉛筆で彩色する。陽光が降り注ぎ、若葉が輝く。じっと風景を見つめていると、その美しさが心にしみる。私の絵の腕前では描き表せないことが残念だった。

簡単にリフレッシュ

週末に手軽にカフェで気晴らし、という方法もある。パリの街には、あちらこちらにカフェがある。カフェの店内にはたいていカウンターがあり、立ち飲みすると料金が安いと聞く。カウンターでは常連客と店員が、会話を交わしたりしている。

店内やテラスの席に座った場合は、飲み物を頼むだけで長居ができる。店員に嫌な顔をされることもない。読書したり、おしゃべりしたりして、みんな気ままに過ごしている。１人でテラス席に座って、じっと外を眺めている客もいる。いや、外を眺めているようで、何か物思いにふけっているのかもしれない。通行人も、テラス席の客や、ガラス張りの店内に座っている客に視線を投げる。レストラン同様、カフェでも「観る」と「観られる」の関係が成立している。

10年以上も前、ガラス越しに見えたカフェの客の様子を、今でも鮮やかに覚えている。年配の男女が向かい合って座り、手を握り合ってお互いを見つめていた。２人の目を見て、「こういう目を、燃えるようなまなざし、と言うのだろうか」と思った。まるで、映画の一場面のようだ。あの２人は恋人同士だったのか、夫婦だったのか。

わざわざ外出しなくても、気分転換はできる。

フランス人は、アパルトマンのベランダにテーブルと椅子を出して食事をしたり、アペリティフを飲んだりする。日光浴をする人もいる。週末とは限らず、私は窓やベランダから空を眺めるのが好きだった。夕焼けがきれいなときなど、何か励まされているように感じ、「今日も無事終わりそうだ。明日もがんばろう」と自然に力がわいた。

もちろん、室内でくつろぐのも良い。「何もしない」で、ぼーっとする時間を持つ。海辺でなくても、リフレッシュできる。

フランスは、日曜日はほとんどの商店やスーパーが閉まる。週末に洋服を買いたいなどと思えば、土曜日に購入するしかない。コンビニがないので、食料品や日用品も計画的に買わなければならない。したがって、土曜日の商店やスーパーは混雑する。

一転して、日曜日の街はひっそりとする。午前中は車も少なく、教会の鐘が厳かに鳴り響く。日曜日には教会のミサに参加する人も多い。フランスに暮らし始めたころは、「日曜日にすることが少なくて困る」と思っていたが、やがて静かな街もいいものだと思うようになった。土曜日に買い物を済ませ、日曜日はのんびり。そんな週末も良いものだ。

誕生日会も社交の場

フランスの家庭では週末、友達を招いて子どもの誕生日会を催すことも多い。土曜日の午後などに自宅で開いたりする。誕生日会を開く場合は、日時、場所などを記した招待状を、友達に配る。私の子どもが通った幼稚園では、親が担任教師に招待状を預け、教師から友達に配ってもらっていた。招かれた子どもが、迎えに来た親にうれしそうに招待状を渡す姿をよく見かけた。

最初のフランス滞在の際、私の子どもは、全くフランス語が話せない状態で幼稚園の年長組に入った。年長組の1年間、フランス人の友達から誕生日会に招かれることはなかった。

小学校に入学して間もないころ、学校から帰宅した子どもが、カルターブルから手紙を取り出した。友達のマルグリットから渡されたという。待ちに待った誕生日会の招待状だ。小学生になれば、招待状は自分で友達に配るものなのだ。初めての招待に、私のほうがうれしいくらいだった。招待状には、マルグリット本人が描いたらしい、人魚姫のイラストが添えられている。電話で出欠を知らせてほしい、と記されていた。

当時フランス語があまり話せなかった私にとって、電話でフランス語を話すことは至難の業だった。夫に頼んで、マルグリットの親へ出席を伝えてもらう。

誕生日会当日、子どもの手を引き、用意したプレゼントを持って、マルグリットのアパルトマンへ向かう。マルグリットの母親が出迎えてくれた。「私の子どもはあまりフランス語が話せないので、何か問題があったら電話してくだだい」と伝え、自宅の電話番号を渡す。ほかの親を見習って、何時に迎えに来たらよいか尋ねて帰る。

迎えの時間の午後6時まで、電話が来ないかと自宅で心配していた。マルグリットの家へ子どもを迎えに行くと、母親は「とてもサージュでした」と教えてくれた。

フランス語の「サージュ」は、「おとなしい」とか「賢い」という意味で、子どもに対するほめ言葉の一つだ。問題がなかったようで、安心した。マルグリットの母親から「学校のほうはどうですか」と尋ねられ、「難しいけれど、努力している」と答える。マルグリットの父親ともあいさつする。誕生日会には10人ぐらいの子どもが招待されており、夫婦で大勢の子どもの相手をしていたようだ。

誕生日会の送迎時は、親同士の社交の場でもある。子どもを迎えに来たほかの親も、マルグリットの親と会話してから、その場を去る。楽しい会だったようだ。招待された子どもたちは、おみやげに袋入りのお菓子をもらって、親と一緒に笑顔で帰途につく。

その後、私の子どもはフランス語が上達するとともに、友達も増え、誕生日会へしばしば招待されるようになった。フランスでは、小学生が友達の家へ遊びに行くときも、基本的に保護者が送迎する。何回か友達の誕生日会へ送迎するうちに、気付いたことがある。

招く側は、たいてい夫婦で誕生日会を開催している。招かれた側も、会場の家へ連れて行くのは母親、迎えに行くのは父親、あるいはきょうだいなどと、家族で子どもの送迎を分担する。共働きが普通のフランスの家庭では、誕生日会も母親だけに負担がかからないようにしていた。

また、子どもを迎えに行った際、「オントレ（どうぞ入ってください）」と言われ、室内へ招き入れられることもあった。コーヒーやお茶を出され、友達の親とおしゃべりする。顔見知りの親が増えて、小学校の送迎の際にあいさつし合えるようになったのは、うれしいことだった。

誕生日会をはしご

月によっては、誕生日を迎える友達が多いこともある。ある週末、私の子どもは3人の友達から誕生日会に招待された。我が家は最初に声をかけてくれたジェレミーに、出席すると返事をした。ヴィクトールとアンリエットには、申し訳ないが欠席の連絡をした。

この3人は招待者が、かなり重なっていたようだ。アンリエットからは、「あまりに欠席者が多いので、日を改めて開催します」というお知らせの手紙をもらった。ヴィクトールの誕生日会は、予定通りの日に開くという。

ジェレミーとヴィクトールの誕生日会は、開始時間が少しずれていた。ヴィクトールの母親は、「少し早めにうちへ来て、1時間くらい遊んでいって」と言う。共働きのヴィクトールの両親が、忙しい中、息子のために準備したお祝いの会だ。せっかくのお誘いなので、二つの誕生日会に出席することにした。

誕生日会を同日開催する2人の家は、少し離れている。当日、夫が運転する車で、子どもをヴィクトールの家へ連れて行く。約1時間後、夫が運転する車で迎えに行き、ジェレミーの家へ向かう。

ジェレミーからの招待状には、「仮装して来てください」と記されていた。ジェレミーの家で場所を借りて、子どもに浴衣を着せる。フランス人の子どもは、お姫様や王子様の仮装をすることが多いが、我が家は浴衣をよく着せていた。ジェレミーの母親に迎えの時間を聞いて、いったん帰宅し、夕方歩いて迎えに行った。子どもの話では、ジェレミーの両親は、集まった子どもたちにいろんなゲームをさせてくれた。子どもたちは、宝探しや、椅子取りゲームをして大喜びだったという。誕生日会のはしごが無事済んでほっとする。

パリの空の下、誕生日会の送迎のために夫婦で右往左往したが、ヴィクトールもジェレミーも私たちの子どもも幸せな時間を過ごせたならば報われるというものだ。

我が家でも、夫婦で子どもの誕生日会を催したことがある。送迎の父母との会話や、招待した友達に飲み物を振る舞ったり、ケーキを切り分けて食べさせたりと、主催する親は結構忙しい。夫婦で役割を分担しないと、大変なのだ。

誕生日会には、7人の友達が出席してくれた。日本の伝統的な遊びを体験してもらおうと、厚紙に絵を描いて作った福笑いと折り紙を用意した。福笑いはお多福ではなく、リボンをつけた女の子の顔にパーツを置いてもらうことにした。フランス人の子どもたちが順番に目隠しをして、女の子の顔に、眉毛や目を置いていく。目隠しを取ると変な顔が現れ、みんな大笑いする。簡単な折り紙を教えると、面白がって作っていた。素朴な遊びが、思いのほか好評だ。

楽しい誕生日会になったが、「おもてなし」に慣れていない私は、少し疲れてしまった。しかし、誕生日会に招いたり、招かれたりして親も子も社交的に過ごす週末もまた、フランス人にとって「良い週末」なのだ。

第4章　フランス流　7つのポイント

フランス人は、富裕層でなくても、別荘を持っている人が多い。週末や休暇は仕事から離れ、別荘でゆったり過ごす。オンとオフ、二つの世界が人生を豊かにする。

夏のバカンスの行き先は、海辺が人気。ビーチで寝そべったりして、何もせずぼーっとする。都会の喧騒から離れて、のんびりと休養する。

夏のバカンス中、子どもには学校から宿題が出ない。

・週末は、森や公園に出かけて気分転換する。

・カフェでは、飲み物を頼むだけで長居ができる。読書したり外を眺めたりして、気ままに過ごす。

・自宅のバルコニーにテーブルと椅子を出して、アペリティフや食事を楽しむ。日光浴をすることも。

・子どものいる家庭では、自宅に子どもの友達を招いて誕生日会を開く。送迎する親にとっても交流の場になる。

第5章

人との関わり

頻繁にあいさつ

朝、子どもを学校に送って行くとき、知り合いの親や教師に会ったら、「ボンジュール（おはよう、こんにちは）」と言う。送った帰りに、マルシェへ寄れば、各商店であいさつを交わしてから、買い物をする。

フランスでは、あいさつの言葉を口にする機会が、日本よりも多い。なかでも、頻繁に言うのが、「ボンジュール」だ。日本では、知らない人に話しかけるときは、「すみません」と言う。「ボンジュール」は、「すみません」と同じような役割も果たす。例えば、ルーヴル美術館へ出かけるとしよう。地下鉄のカルネ（回数券）がなくなったから、窓口で買わなくては。窓口の駅員に、「カルネをください」と言う前に、まずあいさつをする。美術館で、お目当ての絵画がどこに展示されているか、わからない。監視員に尋ねるときも、あいさつをしてから質問する。

日本では、知らない人にあいさつをすることは、少ない。フランスでの頻繁なあいさつは、私にとって新鮮だった。あいさつを交わすときは、お互いの顔を見合う。なかには、ほほ笑む人もいる。まず、お互いを認識してから、買い物なりの用事を済ませるという段取りなのだ。

声を出して、いろんな人とあいさつをすると気持ちが上向く。元気よく「ボンジュール」と言い合ったりすれば、なおさらだ。「ボンジュール」は、1日のうちかなり長い時間帯に使う。暗くなってきたら、「ボンスワール（こんばんは）」に切り替える。「ボンジュール」の後に、マドモワゼルかマダム、ムッシューの敬称をつけると、より丁寧になる。マドモワゼルとマダムの区別は、未婚か既婚かなのかと思っていたが、そういう訳でもなかった。商店やレストランなどでは、女性客が「大人の女性」だと思えば、マダムと呼びかけていた。

日本では、マダムには「上流階級」のようなイメージがあるが、フランスでは「大人の女性」と認識された女性は、誰でも「マダム」と呼ばれる。「ボンジュール、マダム」「メルシー、マダム」。マダム、マダムと連発されると、初めのうちはこそばゆい気分だった。フランスの成人年齢は18歳だからか、20歳前の女性がマダムと呼ばれる場合もある。女性に対してどちらを使ったらよいか迷ったときは、マダムを使ったほうが良いという話も聞く。

私は1人で外出したときに、商店で「マドモワゼル」と呼びかけられることがあった。「もしかして、若く見えた?」と喜んでいたが、単純に喜べないことだと次第にわかった。フランス人の目に、日本人は総じて実年齢より若く見える。「大人の女性に見えなかったのだろうか」と考えると、複雑な気持ちになる。

大人っぽく見られたいフランス人女性は、早くマダムと呼ばれたいのだと聞いたことがある。ある日肉屋で、私の前にベビーカーに赤ちゃんをのせた若い女性が並んでいた。店員と女性を隔てるショーケースは高さがあるので、店員には赤ちゃんが見えない。「ボンジュール、マドモワゼル」と店員が言う。女性は、「私はマダムですよ」と赤ちゃんを指し示す。身を乗り出して赤ちゃんを確認した店員は、「失礼しました、マダム」と謝って、注文を聞いていた。

若い人同士は、「ククウ」や「サリュ」という、あいさつの言葉も使う。日本語でいえば、「やあ」というぐらいの意味だろうか。

気軽におしゃべり

フランスでは、訳もなくニヤニヤするのは良くない、と聞いたことがある。「理由がないのに笑うと、変な人だと思われる」というのだ。確かに、街を歩くフランス人を見ていると、会話をしていないときは口を結んで歩いている。私も外出しているときは意識して、必要のないときに口元が緩まないように注意していた。

ところが、外出中にしっかり口を閉じていても、ほかの人と言葉を交わす機会が結構ある。

道を歩いていると、「マダム」と呼び止められて、時刻や目的地への行き方を尋ねられる。「なぜ、一見して外国人とわかる私に、道を聞くのだろう」などと不思議に思うくらい、よく聞かれる。何があるかわからない世の中だが、声をかけられれば、返事をすることにしていた。困っている人がいれば、少しでも助けになりたいからだ。幸い、危ない目に遭うことはなかった。

フランスには、流しのタクシーが少ない。タクシーは、街中に設けられたタクシー乗り場から乗る。タクシー運転手の新規参入が難しいので、タクシーの数は不足気味だ。だから、タクシー乗り場には、行列がよく出来ている。フランス人は、列の最後尾の人に、「あなたは、どのくらい待っていますか」と尋ねる。最後尾の人は「15分」などと答えるが、その時間の長さによって、並んでタクシーを待つか、ほかの交通機関を利用するか判断する。尋ねた人が行列に並ぶことに決めた場合、「ここの乗り場は、いつも行列が出来ていますね」「ええ、本当に」などと、答えた人とおしゃべりが続く場合もある。

待ち時間を尋ねる人は気軽に聞くし、答える人も面倒がらずに答える。感じの良いやり取りを聞いていると、さわやかな気持ちになる。

ところで、タクシー乗り場の中には、乗り場の看板が掲げられているのに、タクシーが来ない乗り場がある。自宅の近くにも、2カ所あった。ある日タクシーに乗っていると、途中にあった道路脇のタクシー乗り場で運転手が車を停めた。そこで待っている人に、「ここで待っていても、タクシーは来ないよ」と教えている。「タクシーが来ないタクシー乗り場」の看板は撤去すれば良いと思うのだが、そのままになっている。旅行などでパリへ出かけるときは、注意したい。

街中で見ず知らずの人から、親切を受けることもある。子どもが幼かったとき、ベビーカーに乗せてバスに乗車することが何度かあった。乗るときも降りるときも「お手伝いしましょうか」と申し出てくれる人が必ずいた。

地下鉄の駅には、エスカレーターなどが少ない。ベビーカーに子どもを乗せた人も、階段を使わざるをえない場合が多い。やはり、「お手伝いしましょうか」と申し出て、ベビーカーの上げ下ろしを手伝う人の姿を、頻繁に見かけた。まだ学生のように見える若い人も、積極的に手を貸している。フランスの合計特殊出生率（女性1人が生涯に産む子どもの平均値）が2前後と高い背景には、こんな子育て中の人への思いやりもあるのだろう。

ある夏、フランス西部のブルターニュ地方へ子ども2人と私の3人で旅行した。パリのモンパルナス駅から乗り込んだTGV（フランスの高速鉄道）では、年配の男性と4人がけの席で相席になった。初めはあまり話さなかったが、やがて会話が始まる。男性は、私たちと同じように、終着駅のカンペールで降りることになっていた。ブルターニュ行きのTGVは途中から、TGV専用ではない線路を走るので、高速が出せなくなる。そのため、カンペールまではパリから約4時間半かかる。

パリから離れるにつれ、TGVの車窓の風景は移り変わっていく。牧草地に干し草のロールが転がっている。線路脇にいくつも湖がある。ボートが浮かび、カモが悠々と泳いでいた。週末には、家族でボート遊びをする人もいるのだろう。青い屋根の家が立ち並ぶ街がある。高い塔のある教会がある街も、いくつか通り過ぎた。

男性は第二次世界大戦中、軍医だったという。毎年夏に滞在する実家へ行くところだった。ブルターニュ地方には、ブルトン語という地域言語がある。男性からブルトン語の言葉をいくつか教わった。

左手に大西洋の青い海が見えた。カンペールまでは、もう少しだ。高齢の男性はもう自分で車を運転出来ないので、駅に迎えに来る友人の車に乗り、実家へ向かうという。

男性は言う。「私がもっと若くて自分で運転出来たら、あなたたちを案内して回るのだが」。外国人の親子への心遣いがうれしい。駅に到着し、「良いバカンスを」と言い合って、別れた。

初めて出会った人と気軽に会話したり、親切にしてもらったり。さまざまな交流があることは、楽しい。

はっきり意思表示

最初のフランス滞在の際は、デパートや駅の窓口などで聞きたいことがあるとき、「英語を話しますか」と尋ねた。店員や駅員は、話せない場合、「ノン（いいえ）！」と、きっぱりとした口調で返事を返す。

日本で同じ質問をしたならば、店員らは申し訳ないという感じをにじませて、「すみません。話せません」と答えるのではないか。フランスでは、「できないものは、できない」とでも言うように、明確に否定する。

靴屋では、気に入ったデザインの品があったとき、「私の足に合うサイズはありますか」としばしば尋ねた。在庫がない場合、店の人はやはり「ノン」と断言する。日本の靴屋ならば、「こちらのデザインは大変人気がありまして、お客様のサイズはあいにく全部売れてしまいました」などと在庫がない理由を説明するが、フランスではそんな丁寧な説明は聞いたことがない。

通りに立つマルシェの鶏肉屋で、「鶏モモ肉の骨を取ってもらえますか」と尋ねたことがある。答えは、きっぱりとした「ノン」。第2章で取り上げた、常設マルシェの肉屋で、鶏肉の骨外しを頼んだ際に店員が言う「ノン」は冗談だったが、これは本気だった。

はっきり否定されると戸惑うが、わかりやすい。こちらは即座にあきらめる。

日本人は、ほかの人からの質問や要望に対して、肯定的な返事をしがちだ。だが、フランス人は否定的な返事を返すことに、ためらいがない。

日本人は気の進まないことでも、周囲に気配りして「はい」と答え、引き受けることがある。また、本当はやってみたいことでも、「いいえ」と遠慮して断わったりする。本音と口にした言葉が、必ずしも一致しない。フランス人は多くの場合、本音を言う。そんなフランス人の意思表示の仕方になじむのには、時間がかかった。

ある年の春、フランス人の知人一家が、パリからフランス東部に転居した。引っ越し前に知人が「夏のバカンスに家族で泊まりに来てください」と言って、新住所を記したメモを渡してくれた。

訪問したいが、知り合ってそれほど長くない。出かけて行ったら、図々しいと思われないだろうか。それに、もしかして社交辞令で言ったのかもしれない。日本では、転居通知に「お近くにお越しの際には、ぜひお立ち寄りください」などと書く。しかし、実際に訪ねて行く人はほとんどいない。

夫と相談しても結論が出ないので、家庭教師のアラベル夫人に相談した。レッスンの際に事情を話すと、夫人はこう言った。「あなたたちが行きたいと思うのならば、その一家のところへ行くべきです。フランス人がそうして誘う場合は、あなたたちに本当に来てもらいたいと思っているのです」。夫人の助言に従い、知人に電話して訪問の日程を決めた。

2人の子どもがいる知人の家は、広々とした庭のある一軒家で、フランボワーズ（ラズベリー）や姫リンゴの木が植えてあった。知人と私の子どもたちは庭で「だるまさんが転んだ」に似たフランスの遊びをしたり、フランボワーズを取って食べたりした。パラソルを広げて、庭のテーブルでとった昼食は、簡素なメニューだが、おいしく感じる。フランスの地方の豊かな暮らしを知り、楽しい滞在になった。

サンパな隣人

フランスでは、日本のような引っ越しのあいさつは必要ない、と聞いていた。しかし、頻繁に「ボンジュール」と言い合うお国柄だ。集合住宅の玄関やエレベーターホールで会った場合には、当然隣人とあいさつを交わす。

同じ集合住宅の住人の中でも、隣人に対して関心がある人と、無関心な人がいる。それが、とてもわかりやすい。関心がある人はあいさつの後に、「あなたは新しく引っ越して来た人ですね」などと話して、会話が続く。無関心な人は、あいさつだけで終わりだ。

関心がある人は、その後も会ったときに、「サヴァ（元気）？」などと話す。フランス人は警戒心が強い面もある。相手が常識のある人間か、しばらく様子を見ている。関心がある人は、こちらが常識を持ち合わせていると判断したら、警戒心を解く。無関心な人とは、いつまでたっても、あいさつを交わすだけだ。不仲という訳ではなく、お互いに干渉しないという感じだ。

フランス語では「感じのいい」ことを「サンパ」と言う。フランス人は多くの場合本音を言う、という傾向から判断すると、サンパな人は、こちらと親しくしたいと思っていると考えてよい。「みんなと仲良くしなくては」などと気負わず、サンパな人と交流すれば不快な思いをしなくて済む。

高齢の夫妻は、私たち家族が入居して少しすると、「引っ越したばかりで何か必要なものがあれば、貸しますよ。それから、暖房は問題ありませんか？」と言ってくれた。

実は、すでに問題が発生していた。アパルトマンの一部屋の暖房が効かなかった。建物の暖房は、地下で沸かした湯を、各部屋のラジエーターに循環させ暖める仕組みだ。ムッシューによると、暖房を使い始めたばかりの時期など、ラジエーターの「空気抜き」をしないと、湯が循環しない場合があるという。

ムッシューは、ペンチと、なぜか上部を切ったペットボトルを持ってすぐ来てくれた。ラジエーターの上の端にあるネジをまず、ペンチで緩める。すると、「プシュー」という音がして空気が噴出してきた。「たくさん入っている」とムッシューが驚く。やがて黒っぽい水が噴き出す。ムッシューは、ペットボトルで水を受ける。500ミリリットルくらいたまって水が透明になったところで、「もういいか」と言い、ネジを締めて水を止めた。どうやら湯の循環が始まったようで、ラジエーターの一部が温かくなってきた。高齢の隣人に作業をしてもらって、申し訳ない。しかし、真冬の寒さを我慢しなくてよくなり、大変ありがたかった。

また、子どもが中学生のとき、学校から帰ってきたが、家に誰もおらず、家の中に入れないことがあった。その日はたまたま、普段より授業が早く終わったのだが、子どもは家のカギを持っていなかった。普段通りの下校時間だと思っていた私は、近くのカフェにいた。カフェでコーヒーを飲んでいると、私の携帯電話が鳴る。電話は子どもからで、家に入れないので、夫妻の家で電話を借りて連絡していると話す。

カフェで支払いを済ませ、急いで夫妻の家へ子どもを迎えに行く。子どもを預かってもらった御礼を言うと、マダムが「いつでも、どうぞ」と、にこやかにほほ笑んで言ってくれた。その後、こんな事態が起きることはなかったが、マダムとは建物の中や近所の通りで会ったときに、よくおしゃべりをしていた。

年配の夫妻とも、集合住宅の玄関付近や近所の通りで会ったときに、よく立ち話をした。私が子どもと一緒のときには、「学校はどう?」と子どもに聞いてくれ、私1人のときにも、「子どもたちは元気?」と気遣ってくれた。

初歩のフランス語会話では、「コマンタレヴ(お元気ですか)?」とその返答の仕方を習うが、普段は「サヴァ?」と聞かれることがほとんどだ。返事は、「ウイ(はい)」とか「サヴァ」で良い。しかし、礼儀正しいムッシューは「コマンタレヴ?」と聞く。いつも短い返事しかしないので、「コマンタレヴ?」に対する返答がとっさに出てこない。

しどろもどろに、「私は元気です、ありがとう。あなたは？」をフランス語で言い、恥ずかしい思いをする。

ある日、我が家の電話もインターネットもつながらないという事態が生じた。「困ったな」と途方に暮れていると、マダムがインターフォンを鳴らして何か言う。電話でのフランス語の聞き取りは、私には難しい。マダムの話がわからないでいると、我が家の玄関先まで来てくれた。マダムによると、道路工事中に電話のケーブルが壊れ、同じ通りに並ぶ建物すべてで電話もインターネットもつながらない。復旧には丸一日かかるという。電話会社に問い合わせて得た情報を、わざわざ教えてくれたのだ。

ある年の初め、家族で外出から戻ったときに、建物のエントランスホールで夫妻と会った。夫妻は私たちに、丁寧な新年のあいさつをしてくれた。「新しい年にあなたたち家族の幸福と健康を祈ります。あなたたちの夢と希望がすべてかないますように。子どもたちは、学校で良い成績をおさめられますように」などと言う。社交辞令ではなく、心から私たち家族に幸多かれと願ってくれていると感じた。フランス語の語彙が少ない私は、夫妻のような美しい言葉を並べることができず、「新年おめでとう」くらいしか言えなかったのが残念だった。

サンパな隣人と会話を交わすことは、楽しかった。日本へ帰国して引っ越しを済ませたとき、寂しくなってしまったくらいである。

友人は多くはない

英語では、「あなた」と言うときは、相手が1人でも複数でもyouで良い。ところが、フランス語の場合、「あなた」は複数の場合は「ヴー（vous）」だが、1人の場合少しややこしい。1人の場合は、相手との関係により、「テュ（tu）」と「ヴー」を使い分ける。

友人や家族など親しい間柄の人に対して「テュ」を使い、それ以外の人には、丁寧な呼び方である「ヴー」を使う。こんな区別があることに、勉強し始めたときは驚いた。話し手が「テュ」を使うか「ヴー」を使うかによって、自分のことをどう思っているか、わかってしまうのだから。

　これも、フランス語を学び始めたときに驚いたことだが、動詞の活用が英語よりも複雑だ。1人称、2人称、3人称の単数・複数の主語につく動詞は、叙法や時制により、それぞれ違った活用形になる。つまり、同じ「あなた」という意味でも、「テュ」を使うか「ヴー」を使うかで、後に続く動詞の活用形が違ってくる。日常生活でよく使う「ヴー」の活用形は少しずつ頭に入ってきたが、あまり使わない「テュ」の活用形はなかなか覚えられなかった。

　友人の紹介などで知り合った場合は、初めから「テュ」で話すことがある。また、親しくなったころ、「テュを使って話しましょうか」と提案されたこともある。せっかく友人になったのに、「テュ」の活用がわからないから、「ヴー」を使うという情けない状態がしばらく続いた。

　フランス人は、それほど多く友人を持たないと聞いたことがある。いったん友人になれば、自宅へ招いたり、招かれたりして親密な付き合いをする。大勢と親密な付き合いはできないので、友人を作るときには慎重になるというのだ。

フランス人女性の友人の１人は、最初は少しそっけない感じだった。警戒していたのかもしれない。しかし、何度か会って話したり、一緒に食事をしたりするうちに、「テュ」で話すようになった。

一緒に過ごす時間が長くなるにつれて、彼女は私の物の考え方がわかるようになったらしい。私が言いたいことをフランス語でうまく説明できなくても、「あなたが言いたいのは、こういうことでしょう」と解釈する。その解釈が当たっているのだ。日本では、「同じ釜の飯を食う」と言うが、同じオーブンで焼いたローストチキンを食べても、気持ちが通じるようになるということか。

友情が深まると言葉の壁がなくなるとは、不思議だ。友情を築くために最も必要なのは、言葉ではなくお互いを思いやる心なのだろう。多くはなくても、親しく友人と付き合えることは幸せである。

言葉で愛情を示す

1人で部屋で眠るフランスの赤ちゃんだが、愛されて育っている。友人のセシルは「私のいたずらっ子」とか「モン・シュー（私のキャベツ）」などと呼びかけて、赤ちゃんの頰によくビズ（キス）をしていた。「なぜ、キャベツなのか」と最初は不思議に思ったが、「私のキャベツ」はフランス語の愛情を込めた呼び名の一つだった。セシルの夫や赤ちゃんのきょうだいも、赤ちゃんの世話をしたり、頰にビズをしたりする。

フランス人は家族に対しても、言葉や態度で愛情を示す。「私の人生の愛」などと、母親が子どもに呼びかける。「愛しい人」と夫婦が言い合う。子どもを学校へ送って行った母親が、別れ際に子どもの頰にビズをする。出張から帰った父親が、家族全員の頰にビズをする。

日本とは違う習慣だが、家族の間でも「あなたを大切に思っている」という気持ちを伝えるのは、良いことだと思う。

愛されていると実感して育った子どもは、ほかの人の気持ちを傷つけたりしない。そして、親を大切に思い、尊敬する。子どもの友達のカミーユも、そんな優しく思いやりのある子どもだった。

カミーユがパリ近郊の祖父母の家で誕生日会を開くことになり、私の子どもも招待された。小学校へ子どもを迎えに行ったときに、カミーユの母親から声をかけられた。自己紹介の後、誕生日会の送迎のことなどを説明してくれた。仕事を持つカミーユの母親は、忙しい中、時間を作って娘の誕生日会を準備しているようだった。

英語が堪能な母親は、私に英語で待ち合わせの場所や時間などを話した。カミーユが、私たち２人の姿を見つめている。小学校では英語の授業があり、カミーユも英語を勉強し始めていた。流暢に英語を話す母親を見るカミーユの目は、「私のママンってすごい」とでもいうような憧れに満ちていた。

カミーユの誕生日会は、親戚も集まり、楽しい会になったようだ。みんなに祝福されて、カミーユもうれしかったことだろう。その後も、ときどきカミーユ親子と顔を合わせることがあったが、仲睦まじい様子の２人を見ると、私の心も温かくなった。

親が子どもの友達を招いて、誕生日会を催すのは、小学生くらいまでらしい。中学生になると、子どもは自分で誕生日会を企画する。日時や場所を自分で決め、招待状を作って友達に配る。私の子どもが出席した、そんな「子ども本人主催の誕生日会」の一つでは、公園で水遊びをしたり、お菓子を食べたりしたそうだ。フランスの公園は広いので、子どもたちが少々騒いでも、あまりほかの人の迷惑にはならないのだろう。

親子で過ごす時間

フランスのほうが日本より、親子で過ごしたり、会話したりする時間が長いのでは、と思うことがある。

子どもが小学生の間は、基本的に保護者が子どもを学校へ送迎する。だから、学校の行き帰りには、親子で会話をする機会が持てる。フランスの教育制度では、小学校は

5年間、中学校が4年間、高校は3年間となっている。私立の中学校に進学する場合は、小学校の成績や面接で選考がなされる。日本のように中学受験のための塾通いをしなくてよいので、小学校の高学年になっても家族と過ごす時間がある。

日本では、子どもが中学生や高校生になると部活動や塾通いで忙しくなり、週末や学校の休暇中も家にいないことが多い。フランスでは、日本のような部活動はなく、塾にもあまり行かないので、中高生も週末や休暇中に家族と過ごす時間があるのだ。

フランスでは、中学生の子どもがいる一家が冬休みにスキーに行くとか、小中高生の3人の子どもと両親で夏休みにカナダへ行くなどという、家族旅行の計画をよく耳にした。子どもに時間のゆとりがあり、親もきちんと有給休暇をとれるから、家族旅行の機会も持てる。

こうして親子でコミュニケーションをとってきたからなのか、大人になったフランス人も親思いだという印象がある。

あるとき、友人の家で夕食を一緒にとることになった。友人は、「そういえば、両親にもう1カ月も会っていない。両親も呼んで一緒に食事しよう」と言う。フランス滞在中とあって、そのとき私は自分の両親に1年以上会っていなかった。1カ月親と会っていなければ、それを長いと感じる友人に感心してしまった。夕食のとき、友人と両親はお互いの近況を報告し、気遣い合っていた。離れて暮らす親と定期的に会う人や、普段の会話で親について話す人は多く、親子の絆は強いと感じる。

テーブルで学ぶこと

ユネスコの無形文化遺産に登録されている、「フランスのルパ・ガストロノミック（美食的会食）」。家族で囲む食卓では、この無形文化遺産が次の世代に受け継がれている。

第3章で取り上げたギョームの家では、だいたい夜8時ごろからアペリティフを飲む。ソファーに座って、ナッツなどをつまみながら、みんなで和気あいあいとおしゃべりする。

テーブルに移って、前菜、メイン、チーズにデザートを楽しむ。料理はギョームが作る場合もあれば、妻が作る場合もある。テーブルのセッティングや後片付けは、子どもも手伝う。

家庭での食事でも、開始から終了まで2時間ぐらいかかる。ギョームの子どもたちはいろんな話題で、筋道を立てて自分の意見を言う。ときには、親の意見に異を唱えたりもする。親は子どもの意見に、しっかり耳を傾ける。

食事をしながら会話を楽しむ、ということには慣れが必要だ。ある話題について自分の意見をまとめて言ったり、ほかの人の話も注意して聞いたりしなくてはならない。フランスでは会話が途切れたとき、同席者の誰かが「天使が通る」と言うこともあるが、その後には新しい話題を持ち出さなくてはならない。ギョームの子どもたちは食事をしながら、適切な会話をするということに慣れている。語彙も表現力も豊かだ。小さいときから家族で食卓を囲み、たくさんの会話を積み重ねてきたからだろう。

フランスの子どもは、ときには招待された親の友人らと共に、食卓を囲む。ほかの大人と同席することによって、その大人から知識を吸収したり、自分の親とは違う物の考え方を学んだりする。社交性や礼儀正しく振る舞うこと、もてなしの仕方も身についていいく。

もちろん、テーブルマナーやフランス料理の食材や料理法についても学ぶ。フランスの子どもは、家族や友人と囲む食卓で多くのことを自然に学習している。食卓は、家族の団らんの場であると同時に、教育の場にもなっている。

また、いつも家族でコミュニケーションをとっていれば、子どもは何か問題を抱えたとき、親に相談しやすい。親も子どもの様子がおかしければ、気付くことができる。ギョームの子どもたちも自分の家庭を持ったとき、それまでと同じように、家族や友人と、食事と会話を楽しむに違いない。

離婚が多いフランスでは、1人親の家庭、再婚したカップルの家庭など、いろんな家族のかたちがある。また、連帯市民協約（ＰＡＣＳ）という、性別に関係なく成年に達した2人が安定した生活を営むために交わす契約を結んだカップルも多い。

日本では、両親が結婚している間は子どもに対して共同親権を持つが、離婚後は一方の親だけが親権を持つ。フランスでは離婚や別離があっても、原則として両親は共同親権を持つ。子どもが離婚した両親の家を行き来して生活する、という話も聞く。週の前半は父親の家で過ごし、週の後半は母親の家で過ごす。あるいは、平日は母親の家で過ごし、週末は父親の家で過ごすというケースもある。

家族のかたちはさまざまでも、みんなで仲良くおしゃべりしながら、おいしい食事を味わうひとときは、幸せな時間だ。「フランスのルパ・ガストロノミック」は、継承されていくことだろう。

第5章　フランス流　7つのポイント

- フランス人は、あいさつを頻繁にする。1日に何回も「ボンジュール（おはよう、こんにちは）」と言う。

- 駅の階段などで、ベビーカーの上げ下ろしを積極的に手伝う人が多い。

- 自分ができないことは「ノン」と明確に否定する。たいていの場合、はっきり意志表示をする。

- 親子でも夫婦でも、愛情を言葉や態度で表す。子どもは、自分が愛されていると実感して育つ。

親も子どもも、スケジュールにゆとりがある。親子で一緒に過ごしたり、会話をしたりする時間を大切にする。

家族で食事をしながら、いろんな話題で会話を楽しむ。

子どもは家族らと囲むテーブルで、テーブルマナーや幅広い知識を身につける。食卓は教育の場にもなっている。

Non!

第6章
思い思いに暮らす

着たい服を着る

フランスで暮らし始めたとき、子どもの服装で気付いたことがある。

幼稚園や小学校へ通う子どもは、キャラクターや目立つ模様がついた服やアルファベットの言葉が書かれたTシャツを、あまり着ない。女の子もパンツをはくことが多く、スカートをはく場合は、ひざよりも長い丈のものをはく。そのままサイズを大きくすれば、大人でも着られるようなデザインの子ども服をよく見かけた。子どものファッションが、洗練された感じなのだ。

フランスは中学校や高校でも、制服のある学校は少ない。中学生くらいになると、学校へ着ていく服も、自分なりにコーディネートする。セーターやジャケットにジーンズを合わせるのが普通だが、男子も女子も、大人っぽく格好いい感じを目指しているようだった。ジーンズの形や色にも、それぞれこだわりがある。友達の服装が素敵だと思えば、ほめたり、参考にしたりする。そうして、お互いにファッションのセンスを磨いている。

フランスの女子中学生に、ほめるつもりで「ミニョヌ（かわいい）」と言ったら不機嫌になる、と聞いたことがある。日本では、服装でも小物でも、「かわいい」とほめれば、みんな喜ぶ。フランス語の「ミニョヌ」は、小さな子どもに対するほめ言葉なので、女子中学生は「ベル（美しい）」とほめられたいというのだ。

フランス語の形容詞は、修飾する名詞が女性名詞ならば女性形、男性名詞ならば男性形を使う。男子中学生をほめるときは、「美しい」の男性形「ボー」で良いらしい。

ベストセラーになった『フランス人は10着しか服を持たない』（大和書房）にも書かれているように、フランス人は手持ちの服が少なめだ。２日連続同じ服を着ている人を、よく見かけた。いつも同じような服装をしている人も多い。冬のコートは１着だけなのでは、と思われる人もいる。空気が乾燥していて、あまり汗をかかないから、同じ服を続けて着られるのだろう。洗濯をした場合、家の中で干しても翌日には乾くので、それほど服の枚数が必要ないのかもしれない。

パリでは10月には暖房が入り、5月でもコートが欲しいくらい冷えこむこともある。冬物の服を着る期間が長いのだ。夏も、猛暑でない限り、家の中はエアコンがなくても涼しい。実際、パリのアパルトマンでエアコンのあるところは、少ない。寒がりの私は、夏でも家の中では長そでを着ていた。フランス滞在を終えて日本へ帰国したときは二回とも、冬物は十分あるのに、夏物が足りなくて何着か買った。私も、フランスに住んでいたときのほうが、服の枚数が少なかったということになる。服が少ないと、収納に場所をとらないし、管理が楽だ。

フランスの服は、防寒の役割が重要だからか、Tシャツやブラウスの布地が厚めだ。冬物のセーターやカーディガンはふかふかしている。しっかり作られた服は、相応の値段になる。そのうえ、服を買うときは、20パーセントの付加価値税がかかるので、気軽に購入できない。

こんな事情もあって、手持ちの服は少なめだが、フランス人は自分の魅力を引き出す装いをしている。

脚の長い人はスキニージーンズをはくし、美脚の女性はひざ上の丈のスカートをはく。

かっちりした上着を好む人もいれば、カジュアルなジャケットが好きな人もいる。

みんな、自分が着たいと思う服を自由に着ているのだ。ほかの人がどう思うかは、あまり気にしていない。自分に似合うと考える服を、自信を持って着こなす。さすがに、「モードの国」である。

自宅近くで見かける、年配のマダムは、黒いマントのようなコートと黒いパンツを頻繁に身に着けていた。白髪をシニヨンにして、まとめている。白髪と黒い服のコントラストが、きりっとした顔立ちのマダムの魅力を増していた。

「いつも同じような服装をしている人だな」と、深く考えずにいた。しかし、最後にマダムを見かけてから10年以上も経つというのに、黒いコートと黒いパンツを身に着けた姿を、鮮明に覚えている。いつも同じような服を着るということは、自分を相手に強く印象付けることになるのだ。

ブティックでは

フランスで洋服や靴を売るブティック（専門店）に入るときは、少々緊張する。「ボンジュール」と店員に声をかけて店に入る。店は店の人の領域であり、客はその領域に入って買い物をさせてもらうという感じだ。この「ボンジュール」は「お邪魔します」に近い意味ではないか、とさえ思う。

あいさつを済ませて、ブティックに入ると、「お手伝いしましょうか」などと店員に声をかけられる。まず、1人で商品を見たい場合は、断ることもできる。しかし、気に入った商品があり、試着をする場合は、店員の許可を得なければならない。そのとき、店員がほかの客に応対している場合は、店員の手が空くまで待つ。

フランス語をたくさん話さねばならないうえ、いろいろ気を使うので、ふらりと店に入ることができないのである。

しかし、ブティックでも、顔なじみになると店員が親切にしてくれる。ある靴屋の女性店員は、最初に子どもたちと一緒に訪れたとき、全く愛想がなかった。しかし、3度目ぐらいから、にこやかに接してくれるようになった。「学校はどう?」などと、子どもたちに尋ねてくれる。商品に関してもいろいろ説明してくれ、靴を選ぶうえで、大いに参考になった。

女性店員は私の下手なフランス語を聞いて、「母親はフランス語がわからない」と判断したらしい。あるとき、商品に関して丁寧な説明をした後、「ママンはフランス語がわからないから、今私が言ったことを説明してあげて」と子どもたちに頼む。しかし、私はフランス語を話すのは苦手だが、聞き取りは幾分ましなほうで、このときは彼女の説明と子どもたちへの依頼を理解していたのだ。女性店員の率直な物言いと親切な計らいに、苦笑してしまった。

ソルドは一斉に

フランスに住んでいたとき、年2回の「ソルド（バーゲン）」が楽しみだった。

日本のバーゲンは、デパートやブティックによって日程が違う。しっかり情報収集をしないと、いつ、どこでバーゲンが始まるのかわからず、お得に買い物をする機会を逃すことがある。

パリのソルドは、1月と6月の決まった日に、デパートもブティックも一斉に始める。その日取りは前もって広告されるので、とてもわかりやすい。

ソルドの前日には、店は早めに閉店する。値札を付け替えなければ、ならないからだ。ソルド初日、品物によっては、50パーセント引きなどという値札がついている。初日の夜のテレビニュースでは、デパートの開店と同時に、買い物客が店内に走り込む光景が放映される。ソルド開始からしばらく経つと、売れ残っている商品に70パーセント引きなどという値札が新たに付けられる。もしもサイズと好みが合えば、非常にお買い得だ。

ソルドが近づくと、ブティックの店内は、客足が少ないように見えた。みんなソルドが始まる日を、じっと待っているような感じだ。ソルド初日のデパートやブティックは大混雑する。服を選ぶ人や試着をする人、会計をする人でごった返す。お得な買い物が出来る客はうれしそうで、お祭りのような雰囲気だ。いつもは敷居の高いブティックも、大勢の客がいるので入りやすい。

ソルドが始まってしばらくの間は、街中でブティックのロゴが入った紙袋をたくさん抱えた人を見る。普段は服や靴の買い物をあまりせず、ソルドのときに買うと決めているのだろうか。また、知人のフランス人女性の中には、「ソルドのときは、1着だけ服を買う」という人もいた。値下げしていると、つい衝動買いをしてしまう。1着だけ、よく吟味して買うというのも、良い方法だろう。

日本人の女性としては普通の体格の私は、フランス人の女性と比べれば小柄だった。服も靴も小さいサイズは残っていることが多く、ソルドでお得な買い物ができたことは、うれしかった。

香水で気分を変える

パリの化粧品店でハンドクリームを買ったら、「今夜のために、香水はいかが」と女性店員が言う。サービスで香水をつけてくれるというのだ。「こちらは、さわやかな香り。こちらは、バラの香り」などと説明して、細長い紙に少し香水をつける。いくつかの香りをかいでみて、「バラの香りを」とお願いする。店員は「手首と胸元の両方につけますか」と尋ねる。「両方に」と答えると、優雅にほほ笑んでシュッと香水を吹き付けてくれた。

夜に外出する予定もなかったが、香水のおかげで華やいだ気分だ。ほんの少しの香水が、周りの世界の見え方を変える。

パリの街中には、香水を扱う店がたくさんあり、なかには小さな容器に入ったサンプルをもらえるところもある。いろんなサンプルを試して、香りに対するセンスを磨くこともできる。

フランスの女性は香りのおしゃれも楽しむ。つけすぎには注意しなければならないが、自分の好きな香りをまとうと、幸せな気持ちになる。

個性的なメガネ、傘の不思議

フランス人のメガネのフレームは、個性的だ。青や赤など、はっきりした色のものや、テンプル（つる）のデザインが洗練されたものなど、自分の気に入ったフレームを、自由にかけている。それが、似合っている人が多い。メガネに対するおしゃれの意識が高いからか、街中にメガネ店が多い。

ところが、どういう訳か、傘にこだわる人は多くないようだ。

長い傘よりも折り畳み傘をさす人が多い。たいてい黒っぽい色だ。日本の折り畳み傘よりもかさばるのに、壊れやすい。雨の中、骨が折れたりして壊れかけた傘をさす人が結構いる。折り畳み傘に関しては、日本のメーカーのものを、引っ越しのときに持っていったり、一時帰国の際に購入して持ち帰ったりした。

そもそも、少々の雨ではフランス人は傘をささない。フード付きの服を着ている人は、フードをかぶったりする。服が濡れてしまっても、空気が乾燥しているので比較的早く乾くからかもしれない。

テレビの天気予報では、時間帯ごとの降水確率など伝えないし、傘を持って外出するべきかどうかも教えてくれない。外出するときに傘を持参するかどうかは、自分で判断する。傘を持たずに出かけて急に雨が降ってきても、日本のように安価なビニール傘は売っていないので、よく見極めなくてはならない。

外出するときは空をじっと眺めて、雲行きが怪しいと思えば、折り畳み傘を忘れないようにした。秋や冬にはそんな日が多く、日本の軽い傘は、とても重宝した。

週末はドレスアップ

フランス人女性のメイクは、普段は自然な感じだ。ファンデーションを塗るくらいという人もいるし、マスカラだけを使うという人もいる。

しかし、パーティーなどの社交的な場に出かけるときは、念入りにメイクする。

週末、近くの通りでフランス人女性の知り合いに、偶然会った。いつもはパンツスタイルでナチュラルメイクの彼女が、絹のような光沢のあるワンピースを着て、しっかり化粧している。足元も、履いているのを見たことがなかったハイヒール。印象が違って、初めは彼女だとよくわからなかったほどだ。

あまりに素敵なので、「とても、きれいですね」と思わず口にした。彼女は「ありがとう。これから結婚式に行くところです」と言う。そして、独身の彼女は、にっこり笑ってこう付け加えた。「私の結婚式では、ありませんけれどね」

パーティーなどに出かけるときの華麗なドレスアップは、まるで変身するかのようだ。自宅近くで見かける女子学生は、普段は、セーターとジーンズや黒っぽいコートを着ていた。ところが、週末の夕方には、明るい色のワンピースをまとっている姿を、何度か見かけた。友達が集まるパーティーにでも、出かけるのだろうか。

普段の服装も清楚で好感が持てるが、ワンピース姿の彼女は、とてもエレガントだ。週末のドレスアップは楽しいのだろうな、と思う。

整然とした家

フランス人の家に招かれると、たいていまずサロンに通される。サロンに飾られる絵画や置物には、その家に住む人の趣味が反映されている。古い物も大切にしていて、アンティックの椅子などは、修理して使い続けている。若く美しい女性が描かれた絵画を眺めていると、「これは、私の祖母の肖像画です」と、家の人から説明を受けたこともある。

フランス人の家では、整然とした室内に、趣味の良い家具や飾り物が配置されている。来客には自分の家で気持ち良く過ごしてほしい。フランス人はよく人を招くので、家の中を常にきれいに保っているのだろう。

フランスに滞在して間もないころは、フランス人の家に招待されたとき、日本から持参した扇などをおみやげとして渡していた。しかし、再度その家を訪れたときに、扇が飾られているところを見たことがなかった。

フランス人は、自分のセンスでインテリアを選び、部屋全体の調和を大切にしている。室内に飾る物は数を絞り、調和を乱す物は、飾らないのだ。おみやげには、飾り物よりも、チョコレートのように食べたらなくなる物が望ましいのだ、とわかった。

フランス人の友人は、キッチンに食器洗い乾燥機（食洗機）を置くスペースがあるのに、置かず、手洗いしていた。食洗機を使わない方針なのだろうか、と思っていたら、ある日グレーの食洗機が設置されていた。友人によると、オーブンや冷蔵庫がグレーなので、食洗機もグレーが欲しかったのだが、電器店に在庫がなかったのだという。少なくとも、2年ぐらいはグレーの食洗機の入荷を待っていたようだ。キッチンの統一感をそこまで重視する友人に脱帽した。

フランスでは、100円ショップのような店がないので、気軽に物を買えない。フランス人は、インテリアや家で使う物を買うときは、長く持ち続けることを考えて吟味する。

最初のフランス滞在の際、近くの雑貨店でバケツを購入しようとした。100円ショップに売っているような、手ごろな大きさのものが欲しかったのだが見当たらない。大きくて頑丈なバケツしかなく、値段も2千円余りした。仕方がないのでその中から青いものを買う。

帰国する際、値段を考えると青いバケツを処分するのはもったいなく、引っ越し荷物の船便に入れて日本でも使い続けた。二回目のフランス滞在の際、青いバケツは再び船便でフランスへ。3年余り滞在して帰国する際には、購入から9年ほど経っていたので、ついに処分した。青いバケツは「故郷」に戻って、その役目を終えた。

ブリコラージュに励む

あるフランス人の家を訪ねたら、「台所のタイルは私が貼ったんですよ」と言いながら、きれいに並んだタイルを見せてくれた。別のフランス人の家では、自分でうすい水色に塗った壁を見せてくれた。また、自分で作った物置小屋を見せてもらったこともある。

ブリコラージュ（日曜大工）の成果を見せる彼らは、少し得意気で、うれしそうだ。タイルのデザインや壁を塗るペンキの色を考えることは楽しいようだし、自分の手で仕上げることには、達成感もある。専門の業者に頼むより、費用も安く上がりそうだ。趣味と実益を兼ねる、と言えるだろう。

フランス人は、手を動かすことが好きなのではないかと思う。手芸や料理の上手な人に、しばしば出会った。子どもの誕生日に、手作りのプレゼントをくれた友達もいた。小さなガラスの器に、子どもの名前とカラフルな太陽の絵が描いてある。もしかしたら、ヨーグルトの空きビンをリサイクルして作ってくれたのかもしれない。また、子どもの通った小学校では、「スクビドゥー」というビニールの細いひもで飾りを作ることが流行っていた。作った飾りは、通学かばんのカルターブルにつけたりしていた。

思い出と共に

知り合いのマダムから、クリスマス前のある日、「お子さんと一緒に、クレッシュを見に来ませんか」と誘われた。

クレッシュとは、キリスト生誕の場面を再現した模型のことだ。フランスの家庭では、小さな人形、教会では等身大くらいの人形のクレッシュを、クリスマスの前から飾る。

フランス語の「クレッシュ」には、「まぐさ桶」や「保育園」という意味もある。模型のクレッシュは、まぐさ桶に寝かされたキリスト、マリア、ヨゼフと羊飼いらの人形で構成される。まぐさ桶は12月24日までは空で、25日にキリストの人形が置かれる。

昼過ぎにマダムのアパルトマンを子どもたちと訪ねると、サロンへ通された。マダムのクレッシュは、サントン人形をテーブルに百体くらい並べた、大掛かりなものだった。サントン人形は、大きさ数センチの、彩色された南仏プロヴァンスの土人形だ。マダムは、まぐさ桶やマリアらの周りに、さまざまな職業の村人や農民の人形を配置して、一大パノラマを展開させていた。

ご主人が数年前に亡くなるまでは、マダムとご主人で一緒にクレッシュを飾っていたという。人形の数が多いから、並べるのもほこりを払って収納するのも大変だが、孫が喜ぶから続けていると話してくれた。私はコーヒー、子どもたちはジュースをいただきながら、ソファーに座っておしゃべりを楽しんだ。サイドテーブルに置かれた、お子さんやお孫さんの写真も見せてもらった。

ご主人の実家は、織物を作っていた。美しい色合いのカーテンやソファーの布は、すべて実家製という。壁には花を描いた油絵が飾ってある。室内にあるのは、マダムの趣味に合った品物ばかりなのだろう。サロンは落ち着いた雰囲気で、とても居心地がよかった。

クレッシュにも趣味の良いインテリアにも、ご主人との思い出が詰まっている。ご主人ゆかりの品々に囲まれ、それを大切に手入れするマダムの暮らしは、素敵だと思った。

普段の生活で体力作り

パリ西郊のブーローニュの森では、自転車に乗る人や、湖でボートをこぐ人を見かける。通りでは、ジョギングをする人がいる。冬には、スケート場へ出かける人もいる。思い思いのスポーツを楽しんでいる。

しかし、パリでは、普段の生活の中でも運動ができる。

石畳の道路が多いパリは、自転車では走りにくい。タクシーも少ないので、どこへ行くにもよく歩く。用事を済ませるための外出や散歩が、体力作りに役立っていた。美しい街並みを眺めながら歩くことは、気分転換にもなる。

フランスでは、地図があれば目的地に着くことは、比較的たやすい。「何通りの何番地」

という住所表記をするが、すべての通りに名前がついており、建物には番地を示すプレートが掲げられているからだ。

　パリのシンボルといえばエッフェル塔だが、高層ビルが少ない街中では、エッフェル塔があちらこちらから見える。最初のフランス滞在のために渡仏したばかりのころ、子どもを連れて出かけると、交差点や通りからエッフェル塔が見えた。トロカデロ広場では、目の前に大きな塔が現れ、コンコルド広場で観覧車に乗ったときは、遠くに小さく見えた。幼かった子どもは、塔が見えると「エッフェルー」と言って、喜んでいた。

　そんなある日、子どもが言う。「パリの街にはエッフェル塔がたくさんあるんだね」。高い建物が多い日本の街では、一つの建築物があちらでもこちらでも見えるということは、あまりない。パリならではの、勘違いだった。

　マルシェや専門店での買い物も、ウォーキング代わりになる。運動になるうえに、良い食材が手に入る。店の人との会話も楽しめる、とメリットがいっぱいだ。

　第５章で取り上げたように、地下鉄の駅には、エレベーターやエスカレーターが少ない。地下鉄で移動する場合は、基本的に階段を上り下りする。おまけに、地下鉄の車内や駅の構内にはスリが多いので、常に警戒しなくてはならない。ハンドバッグは斜め掛けにして、手で押さえる。構内ではスキを見せないように、なるべく速く歩く。地下鉄に乗るときにも、結構体を動かすことになる。

家事も立派な運動だ。アパルトマンの床には、じゅうたんが敷き詰められていた。じゅうたんの敷かれた家が多いからか、フランスの掃除機は吸引力が強く、重い。じゅうたんに掃除機をかけるのは、かなり体力が必要だった。

掃除は、家の中がきれいになると同時に体力作りにもなる。家が清潔になると、心もすっきりする。

料理を手作りする場合は、野菜を洗ったり切ったり、肉や魚をフライパンで焼いたりと、立っている時間が長い。段取りを考えつつ手を動かすので、頭の回転が良くなりそうだ。後片付けの間も立ち続ける。立ち仕事で体を動かし、栄養バランスの整った手作りの食事をとれば、健康に役立つだろう。

第6章　フランス流　7つのポイント

- フランスの中学生は、男女とも、大人っぽいファッションを志向する。女子は「ミニョヌ（かわいい）」ではなく、「ベル（美しい）」とほめられることを好む。

- フランス人は、自分の魅力を引き出す服を自信を持って着る。ほかの人がどう思うかは、あまり気にしない。

- フランスの女性は香りのおしゃれも楽しむ。香水をつけると、気持ちが華やぐ。

自分を魅力的にみせる、個性的なフレームのメガネをかける人が多い。

普段の女性のメイクは、ファンデーションだけや、マスカラをつけるだけなど、自然な感じ。パーティーに出かけるときは、念入りにメイクして、服装もドレスアップする。

フランス人の家は、いつも整然と片付いている。自分のセンスでインテリアを選び、部屋全体の雰囲気と調和するように配慮する。

フランス人は街や駅の構内を移動するとき、よく歩く。用事を済ませるための外出が、軽い運動になる。

第7章
心豊かな日々を

熱心な聴講生

二回目にフランスに滞在したとき、ルーヴル美術学校（エコール・デュ・ルーヴル）の聴講生に登録した。大きな講堂で開かれる美術史の講義を受けたが、聴講生には年配の人が多かった。近くに座った年配の女性2人の会話が聞こえる。

「私は今までずっと働いてきました。でも、退職して時間ができたから、勉強しようと思って聴講生になりました」

「それは、いいですね。私も退職してから勉強を始めて、ここへ通うのは2年目です」

美術史の講義は、美術や歴史に関する知らない語彙が多く使われ、私には理解が難しかった。それでも、内容がわかった部分は、とても面白かった。年配の聴講生は、みんな熱心にノートをとって講義を聞いていた。

パリ市内のさまざまな美術館の作品を前にして講師の説明を聞く、「演習」のクラスも受講した。こちらは、20人程度の少人数だった。約2時間のクラスは、ほぼ立ち通しなのだが、年配の聴講生の中には折り畳み式の椅子を持参している人もいた。積極的に質問する人も多かった。演習も私には難解だったが、さまざまな作品の背景や意味を知ることは、興味深かった。芸術家の家やアトリエ、歴史的建造物を見学する演習もあり、自分1人ではたぶん訪ねなかったと思う場所にも足を運ぶことができた。

ルーヴル美術学校で、年を重ねて勉強を続ける人は、素敵だと思った。仕事をしている間は、たとえ時間があっても仕事に関する勉強を優先していたのだろう。退職して時間ができたら、自分の好きなことを勉強する。新しいことを学び、知識が増えるのは何歳になっても楽しい。好奇心がかきたてられ、知的な刺激を受ける。数多くの美術館があるパリは、一流の芸術作品に触れつつ、美術史に関する造詣を深めるうえで、理想的な場所だ。しかも、聴講生は、聴講生カードを提示すれば、ルーヴル美術館とオルセー美術館の常設展を無料で観ることが出来た。

芸術に親しむ

パリには多くの美術館があり、気軽に訪れることができる。たいていは、事前にチケットを買っておく必要がなく、ふらりと出かけられる。ブティックに入るときよりも、敷居が低く感じるのではないかと思うほどだ。

パリの市立美術館はおおむね常設展が無料で、ほかの美術館も18歳未満は無料のところが多い。芸術に触れると心が安らぐ。安らぎの場がこうして提供されていることは、ありがたい。

毎年9月の第3週目の週末は、「ヨーロッパ文化遺産の日」として、普段は一般公開されていない歴史的建造物や役所などの大半が無料で見学できる。なかでも人気があるのは、大統領官邸（エリゼ宮）だ。毎年、長蛇の列が出来る。2年続けて出かけてみたが、行列が何百メートルも続いていて、2回ともあきらめた。

最初の年はエリゼ宮の向かいにある内務省、次の年はセーヌ川沿いにある国民議会に、行列に並んで入った。国民議会は、立派な議場やドラクロワの天井画がある図書室が素晴らしかった。フランスの役所は、古くて由緒ある建物が多いのだと改めて感心する。

パリの美術館の中でも、ルーヴル美術館は世界最大級だ。7万3千平方メートルの敷地に約3万5千点の美術品が展示されている。フランスに滞在する以前にも何度か訪れたことはあったが、モナリザやミロのヴィーナスなど有名な作品を観るだけだった。パリに住んでいる機会に、全エリアを観ようと思った。

ルーヴル美術館の床は硬いうえ天井が高いので、1階分の階段が普通の建物の3倍ぐらいの長さがある。美術館に出かけるときは、疲れにくいようにクッション性の高いスニーカーを履いて行った。広い館内を歩き、階段を上り下りする。美術鑑賞なのだが、山登りでもするような気分だった。ときおり館内のソファーで休憩するが、歩き疲れればその日の鑑賞を終える。

地図を読むのが苦手な私は、途中で迷ってしまうこともあり、館内を探検しているような気持ちにもなった。月1回のペースでルーヴルに出かけ、全エリアを観て回るのに、のべ8日くらいかかった。観終わったときは、山の頂上に登ったような達成感があった。

国王の宮殿だったルーヴルは、内装が豪華だ。きらびやかな空間で、人類の宝ともいえる、数多くの作品に出合った。モナリザやミロのヴィーナス周辺は、観光客でごった返しているが、見学者の少ないエリアもある。そんなエリアでは、静けさの中でゆっくり作品と向き合う贅沢を味わえる。

古代オリエント美術部門の「アイン・ガザル」像を観たとき、周囲には私以外、監視員しか人がいなかった。紀元前7千年ごろにヨルダンのアイン・ガザルで作られた漆喰の像で、ルーヴルの重要な作品の中で最も古いという。1メートルぐらいの高さの、白っぽい体に大きな目をした、素朴な造りの人形だ。作者はどんな人で、何を考えながら、この像を作ったのだろう。自分の作品が後世に残ることを想像しただろうか。像がたどってきた9千年という歳月を思うと、気が遠くなる。大昔はこんな簡素なものを作っていた人間は今、高層ビルやコンピューターなど大掛かりで複雑なものを製造している。

平均寿命まで生きたとしても80年余りの人生は、9千年と比べると「一瞬」のようだ。

アイン・ガザル像は、これからもルーヴルに展示され続けるのだろう。それにひきかえ、私の存在の何と儚いことだろう。像を前にして、しばらく感慨にふけってしまった。

映画は文化

「あなた、映画は観に行っている？」

ある日、知人のマダムとあいさつを交わしたら、こんな質問をされた。

実は、あまり観に行ったことがなかったので、そう答えると、「私の周囲の人は、みんなよく映画を観に行くのよ。映画はいいわよ」と勧めてくれる。

フランスのリュミエール兄弟は映画の元となったシネマトグラフを発明し、「映画の父」と呼ばれる。フランスは、映画を最高の文化の一つと位置づけ、国を挙げて映画産業を支援している。子どもの小学校では、クラスで映画を観に行くこともあった。映画館の料金は、日本より安い。

マダムは、フランスが誇る文化である映画を、外国人の私にも楽しんでほしいと考えたのだろうか。

マダムの助言をきっかけに、ときどき映画館へ足を運ぶようになった。週末の映画館は混雑していて、映画好きな人は多いと感じる。アメリカ映画を観ると、フランス語の字幕がつくので理解の助けになる。ところが、当たり前のことだが、フランス映画には字幕がない。フランス語が聞き取れず、よくわからない場面もあるのだが、たいていは後の場面から類推して筋を追うことができる。頭の中に疑問がわいては、後から謎が解けるというその繰り返し。映画を観ながら、なぞなぞを解いているようだ。だが、ある映画では、前後から考えても、意味がよくわからない場面があった。日本語版か日本語の字幕付きを観て、謎解きをしたいのだが、まだ実現していない。

劇場へ

パリには、二つのオペラ座がある。オペラの演目により異なるが、日本に比べれば低料金だ。1875年に完成したオペラ・ガルニエは、彫刻などで飾られ、まるで宮殿のようだ。1989年に新設されたオペラ・バスティーユは、現代的な建築となっている。

オペラを観に行きたいが、夜の公演は午後7時半からで、帰りに1人で地下鉄に乗るのは、少し怖い。オペラをよく観る知人は、「オペラが終わった後は、大勢地下鉄に乗る人がいるから大丈夫」と言うが……。

そこで、昼の公演を観に行くことにした。昼公演は日曜日の午後2時半からなので、帰りが遅くならない。夫に子どもの世話を頼み、1人で出かける。

オペラの通常の公演にはドレスコードがない。カジュアルな服装で来ている人がいる一方で、ワンピースを着て、おしゃれをしている女性もいる。昼公演には、年配の人が多いようでもある。

オペラは難しそうというイメージがあったが、歌あり踊りあり、豪華な舞台装置ありで楽しい。字幕があるので、あらすじを自宅で「予習」していけば、内容も理解できる。

幕間には、ロビーでシャンパンを手に談笑しているフランス人の姿も見かける。オペラ座も社交の場なのだ。

オペラ・ガルニエは、内装も素晴らしい。中へ入ると、装飾を施された大理石の階段に、夢の世界へ誘われる。シンデレラがガラスの靴を忘れたのは、こんな階段だったのではないか。観客席に座って、上を見上げるとシャガールの天井画が目に入る。金色に輝くバルコニーも美しく、心が躍る。

オペラ・ガルニエでのバレエ公演で、「見える範囲が限られた席」のチケットしか買えないことがあった。人気のある演目で、舞台がよく見える席は売り切れていた。当日、劇場に出かけると、天井に近い席だった。天井画はよく見えるが、身を乗り出すようにしても、舞台は真ん中あたりしか見えない。美しいピアノの調べは、問題なく聞こえる。しかし、舞台の両端の見えない部分でダンサーがどんな動きをしているかは、想像するしかない。一生懸命頭を働かせて観たせいか、部分的にしか見えなかったそのバレエ公演が一番印象に残っている。

1680年以来の伝統を誇るコメディー・フランセーズで、1度だけ演劇の公演を観たことがある。劇場の外観はそれほどきらびやかではないが、内部は豪華な造りになっている。バルコニーは、金色に彩られていた。前衛的な劇だったのだが、理解が難しかった。周囲のフランス人が笑っているときも、何がおかしいのかさっぱりわからない。俳優の動きはとても美しく魅了されたが、「もっとフランス語が出来ればよかったのに」と、残念な思いをした。

フランス語が上達すれば、フランスの文化を一層深く味わえる。フランス人との会話も、もっと弾むことだろう。外国語を学ぶと、世界が広がる。満足のいくレベルには、なかなか達せないかもしれないが、フランス語の勉強はずっと続けたいと思っている。

静かな時間

あるフランス人女性の知人宅のサロンの本棚には、本が整然と並んでいた。知人は文学が好きで、太宰治や川端康成の作品を翻訳で読んだことがあるという。文学を通して、日本とフランスの違いを理解していたからだろうか。「日本を離れて、寂しくありませんか」と私に尋ねてくれた。彼女は夜、眠る前に読書をするという。一日忙しく過ごしても、本を読むと心が落ち着くそうだ。そういえば、フランス語では、愛読書のことを「リーヴル・ド・シュヴェ」という。直訳すれば、「枕元の本」なのだ。日本文学が国境を越え、フランス人の心を和ませていたと知り誇らしい。

地下鉄の中やカフェで、フランス人はよく本や新聞を読んでいる。子どもを公園で遊ばせる母親も、雑誌のページをめくりながら、子どもを見守っている。フランス人は家族や友人との語らいを楽しむが、1人静かに読書する時間も好んでいるのだろう。

フランスでは、日本語で書かれた本や雑誌は手に入りにくい。私はインターネットのサイトをあまり見なかったので、毎日自宅へ配達される新聞の衛星版が、日本の情報を知るための、ほぼ唯一の手段だった。

新聞しか情報源がないので、丹念に読む。新聞は、いろんな分野のニュースが要領よくまとめられているので便利だ。重要な記事には大きな見出しがついているので、今何が問題になっているのかよくわかる。時間がないときは、各ページの見出しだけ読めば、ニュースの大枠はつかめる。パソコンの画面を見続けることに比べれば、目も疲れない。ただ、新聞だけ読んでいると、「発音の仕方」がわからない。フランス滞在中、「AKB48」に関する記事を新聞で目にしたが、なんと読んだらよいのかわからなかった。帰国してテレビを見て、やっと正しい読み方がわかった。

気長に待つ

「ヨーロッパ文化遺産の日」にエリゼ宮では大行列が出来るが、フランスでは普段の暮らしの中でも行列に並ぶことが多い。

週末のマルシェや土曜日のスーパーのレジでは、長い行列が出来る。しかし、文句を言う人はいない。マルシェに夫婦で買い物に来る人などは、仲良さそうにおしゃべりしながら待っている。そんなにイライラした雰囲気には、ならないのだ。

郵便局でも、かなり待たされることがある。行列が長くなっても開く窓口を増やしたりはせず、逆に休憩時間になると開いていた窓口を閉めたりする。行列に慣れているはずのフランス人も「フーッ」とため息をついたり、「もう20分も待っているのに」とぼやいたりしている。しかし、表立って苦情を言ったりはしない。

交通機関のストライキにも、フランス人は文句を言わない。車や自転車で出勤したり、歩いて出勤したり、あるいは仕事を休んだりといった対策を、黙々ととっている。地下鉄のストライキの場合、30分に1本くらい電車が来る場合もある。その電車を辛抱強く待ち、ギュウギュウ詰めになって出勤したりもする。こんな大変な思いをしても不満を言わないのは、労働者に対する「連帯」の精神からだという。

フランスでテレビを見ていると、「午後8時55分から」の予定だったバラエティー番組が、何の断りもなく午後9時5分から始まった。一方で「午後7時のニュース」は、7時きっかりに始まらなかった。アナウンサーは「もうすぐ7時です」と言って、2分ぐらい前に始めた。時間に正確な日本のテレビ放送とは、全然違う。

電車が遅れて、面会を約束した時間に間に合わないというような事態は、フランスではしばしば起こる。慌てて電話で連絡すると、フランス人は、「別に構いませんよ」と言って、気長に待ってくれるとも聞く。

長い行列や遅刻を、フランス人は迷惑だとは思わないのだろうか。

日本をよく知るフランス人が言っていた。「日本人は失敗したらダメだと考える。フランス人は、失敗したらやり直せばよいと考える」。フランス人には、楽観的で寛大な面もあるのだろう。

目に見えないもの

最初のフランス滞在の際、自宅近くの小さな食料品店でときどき買い物をした。朗らかなマダムが1人で切り盛りしていて、ハムなどの肉加工品やチーズ、惣菜を扱っていた。公園遊びや学校のお迎えの帰りに、子どもたちと一緒に立ち寄ることが多かった。

小さな店なので、渡仏当初でフランス語があまり話せなかったときも、「これください」と指し示して注文できた。必要な品物を購入し会計を済ませた後、マダムは「味見したい？」などと言って、骨付きのハムを少し切り取って子どもたちにくれる。私も一度だけ、「ママンもどうぞ」と勧められて、切れ端をもらったことがある。

骨付きのハムは何枚か購入して、自宅で食べることもあった。子どもたちは、「家で食べるハムより、マダムにもらった切れ端のほうがおいしかった」と言う。同じ塊から切り取ったハムなのに、そんなことがあるのだろうか。しかし、「切り立て」のほうがおいしいということなのかもしれない。

マダムのハムのサービスは、基本的に子ども限定だった。ほかの子どもにも、私の子どもにも、にこにこしながら切れ端を渡す。ハムをもらった子どもが「メルシー」とお礼を言うと、うれしそうだ。ある日、私が1人で買い物に行くと、マダムは「あら、今日はハムを節約できたわ」と愉快そうに言った。

マダムが利益を追求したいのならば、毎回同じハムの「味見」など、子どもにさせる必要はない。子ども好きの彼女は、子どもと交流すること、子どもの笑顔を見ることが楽しいのだろう。

フランス人はごちそうを用意して自宅に友人を招き、2時間以上もかけて食事を楽しむ。節約してお金を貯めたいならば、ごちそうは痛い出費だ。寸暇を惜しんで働いてお金を稼ぎたいならば、2時間以上もテーブルについているのは、非効率的ともいえる。しかし、友人と一緒においしい料理を味わい語り合うひとときは、幸せな時間だ。

フランス人は、金儲けにあまり重きを置いていないのではないか。

アパルトマンの設備が頻繁に故障するなど、フランスではさまざまなトラブルに見舞われた。しかし、最終的には、物事は解決した。「フランス人は、本当に困っている人を助ける」と聞いたことがある。

ある冬、我が家のサロンと一部屋の暖房が効かない状態が1カ月以上続いた。暖房工事の業者が何度か訪れたが、直らない。厚着をしたり、夕食を鍋ものにしたりして、なんとか真冬の寒さをしのいでいた。

ある日、工事業者から電話がかかってきた。建物の地下で作業している最中だという。「あなたたちは寒くて大変でしょう。申し訳ありません」。低い声で静かに話す男性の口調から、本当に申し訳ないと思っていると感じた。

「今日の作業で、直ると思います」と男性は言った。翌朝、起きてサロンへ行くと、部屋の中が暖かい。ありがたいことに直ったが、3月に近いころ。そろそろ寒さが緩む時期だった。

フランス西部の友人宅を訪ねた後、パリへ戻る列車に乗りこもうとしたときには、こんなこともあった。同行した夫が、駅前の駐車場に止めたレンタカーの車内に荷物を残したまま、車のカギを返却してしまった。駅前の事務所が営業時間外だったため、カギを返却ポストに入れた後に気付いた。あいにく、荷物にはパスポートが入っていた。日曜日のこの日、事務所の営業時間は午後3時から6時だった。開くまで待っていたら、予約していた列車に乗り遅れてしまう。見送りに来た友人とともに、「緊急時の連絡電話」にかけてみるが、音声案内が流れるだけだ。

列車の予約を変更しようと駅の窓口へ向かったが、案内板には「今日のパリ行きは満席」と書いてある。万策尽きた。途方に暮れていると、友人がやって来て、「大丈夫だ」と言う。たまたま、通りかかった駅長に事情を話すと、レンタカー会社の従業員に連絡をとってくれたという。事務所の奥で書類の整理をしていた従業員が、ドアを開けて車のカギを渡してくれ、荷物を取り出すことができた。

お礼を言うと、駅長は「どういたしまして」とさわやかな笑顔だ。こちらの不注意で迷惑をかけたのに、レンタカー会社の従業員も駅長も友人も、嫌な顔をしなかった。

フランスで受けた親切や思いやりの数々を思い出すと、今でも心が温かくなる。

サン＝テグジュペリの『星の王子さま』（内藤濯訳・岩波書店）では、キツネは王子さまにこんな「秘密」を教えている。

「かんじんなことは、目に見えないんだよ」

お金や物ではなく、目に見えないものにこそ、フランス人は価値を見出しているのだろう。

年を重ねるとは

フランスの空港や駅などでは、お知らせがあるとき、放送でまずこう呼びかける。

「メダムゼメッシュー」。マダムとムッシューの複数形を使って注意をひくのだが、マダムのほうが先である。

こんな呼びかけからもわかるように、「大人の女性」であるマダムは、フランスでは尊重される。

高齢の夫婦がレストランで席につく様子を見かけたことがある。ゆっくりとした足取りで歩いてきた夫は、テーブルを手前に引いて、奥の席に妻を座らせる。妻が座った後、テーブルを押して元に戻し、自分も席につく。店員が注文を取りにきて、夫婦はミネラルウォーターを頼んだ。店員は、炭酸水と炭酸の入らない普通の水のどちらが良いか聞く。妻が一言、「普通の」と言う。夫は妻の希望通り、「普通の水をお願いします」と店員に伝えていた。しばらくして、店員が料理を運んでくる。「この料理はどちらですか」と尋ねると、夫は「それは、マダムへ」と答える。妻は悠然として座っている。

もう一組、年配の夫婦が入店してきたのだが、妻を先に席に座らせる様子と、運ばれてきた料理を「マダムへ」と夫が示すのは、同じだった。妻はやはり、ゆったりと構えている。

フランスの女性は堂々として、自分に自信を持っているとしばしば感じる。

南仏のコートダジュールの海では、ビキニを身に着けた年配のマダムが孫と遊んでいた。ビキニ姿の年配のマダムは、ほかにも大勢いた。パリの街では、ひざ上の丈のスカートをはき、美脚を見せる年配のマダムも見かける。フランスの女性は、年を重ねても、自分が着たいと思う水着、着たいと思う服を、自由に身に着けているのだ。

ルーヴル美術学校で勉強したり、ボランティアに励んだり、あるいは困っている隣人を助けたり。行動的で魅力的なマダムに多く出会った。年を重ねたとき、人を一層輝かせるのは、人柄や生き方、教養ではないかと思う。

フランス語の「年をとる」という動詞「ヴィエイール」には、「熟成する」という意味もある。フランス人がこんなことを言うのを聞いたことがある。

「人はワインのように年をとる（熟成する）」

フランス人は、年をとることを否定的にとらえない。ワインのように、時間が経つほどに魅力を増していくのならば、年をとることが楽しくなってくる。

夏の朝、パリで

2016年の夏、旅行でフランスを訪れた。宿泊したパリのホテルから朝、通りに出ると、目の前をすらりとした若い女性が通り過ぎた。薄手のウールのような丈の長い黒いコートをはおっている。ちらりと見えたインナーはからし色、パンツは茶色だった。背筋をピンと伸ばして、金髪のロングヘアーを風になびかせている。8月なのに、風が強く肌寒かった。出勤する途中だろうか。颯爽と歩いて行く女性の後ろ姿を、彼女が角を曲がるまで見送ってしまった。

そうだった。フランス人は姿勢が良いのだ。帰国して日本で暮らすうちに、忘れていた。通りで見かけた女性は装いもおしゃれだったが、姿勢が良いと、それだけで格好よく見える。

仕事や家事、子育てなどで余裕のないとき、ファッションや髪形に、なかなか気が配れないことがある。でも、姿勢を良くすることは、自分の努力次第で出来そうだ。
パリジェンヌのように背筋を伸ばして、出かけてみようか。

第7章　フランス流　7つのポイント

- 年を重ねて、向学心が旺盛。会社を退職してから、好きな勉強に取り組む人もいる。

- 美術館や映画館、劇場に出かけて芸術に親しむ。映画は日本よりも料金設定が低く、気軽に楽しめる。

- 本や新聞を読んだりして、1人で静かに過ごすことも好む。子どもを公園で遊ばせる母親も、雑誌のページをめくりながら子どもを見守る。

フランス人は、楽観的で寛大な面も持っている。日本人は失敗したらダメだと考える。フランス人は、失敗したらやり直せばよいと考える。

人と交流するひとときに幸せを感じている。お金や物よりも、目に見えないものにこそ、本当の価値を見出している。

「大人の女性」であるマダムは尊重される。年をとることを否定的にとらえず、年齢を重ねるほどに人は魅力を増すという考え方がある。

フランス人は姿勢が良い。背すじをのばして颯爽と歩くと、それだけで格好よく見える。

おわりに

2010年の秋に帰国してから、日本では東日本大震災が起こり、フランスでは風刺週刊紙『シャルリー・エブド』襲撃事件やパリ同時多発テロなどが相次いでいる。2016年の夏に訪れたフランスは非常事態宣言下にあり、警官と治安部隊が警戒する姿が目立った。私たちが当たり前に過ごしている日常は、容易に揺るがされるものなのだと、思い知らされる。

しかし、だからこそ大切だ。朝、家族を学校や会社へ送り出し、洗濯や掃除、買い物などの家事をこなす。夜には、家族で食卓を囲み、その日にあった出来事を語り合う。そんな平穏な日々の繰り返しの中に幸せはある。

新聞社を辞めて以来、長く専業主婦として過ごしてきた。2015年から、東洋経済オンラインにフランス関連の記事を執筆するようになり、記事を読んだプレジデント社の渡邉崇さんから、「本を出版しませんか」と申し出を受けた。

私に本が書けるだろうか。家族と相談し、一晩考えて、引き受けることに決めた。私の日常に「本の原稿執筆」が加わった。家事の合間に、リビングのテーブルに置いたパソコンに向かう。私が新聞記者をしていたときは、ワープロで原稿を書き、フィルムのカメラで写真を撮った。この十数年の間で、仕事の道具もずいぶん変わってしまった。

フランス滞在の記憶は、時間が経つほどに薄れていく。子どもたちが大きくなったら読ませたいと考えて、印象深かったことを6冊のノートに書き留めていた。何かに役立てようとは思っていなかったが、本書を執筆するうえで、ノートに大いに助けられた。本書で取り上げた内容の一部は、東洋経済オンラインに掲載した。文中の人物の名前は、一部仮名にした。

パリの公立の幼稚園と小学校では近年、水曜日の午前中に授業をするなどの変更があった。本書では、私が滞在していた当時の状況について記している。

フランス語だけでなく、文化や習慣についても教えてくださった、アラベル・ウーヴリュー元駐日フランス大使夫人に改めて感謝いたします。本書の編集にあたったプレジデント社の渡邉さんとフリー編集者の大西夏奈子さんは、私を常に励ましてくださいました。厚く御礼申し上げます。家事を分担し協力してくれた、夫と子どもたちに心から感謝します。

2016年9月

国末則子

国末則子（くにすえ・のりこ）

1964年東京都生まれ。上智大学外国語学部英語学科卒業。東洋経済新報社を経て90年、朝日新聞社入社。徳島支局、大阪本社整理部、京都支局に勤務し、98年退社。2001年から04年と07年から10年の二回計6年半にわたり、フランス・パリに滞在。15年から東洋経済オンラインに記事を執筆。共著書に『阿波おどりの世界』（朝日新聞社）。

パリの朝食はいつもカフェオレとバゲット

フランス人はなぜ仕事と子育ての両立が上手なのか？

2016年10月31日　第1刷発行

著者　国末則子
発行者　長坂嘉昭
発行所　株式会社プレジデント社
〒102-8641
東京都千代田区平河町2-16-1　平河町森タワー13階
http://president.jp
http://str.president.co.jp/str
電話　(03)3237-3732（編集）　(03)3237-3731（販売）
販売　桂木栄一　高橋 徹　川井田美景　森田巌　遠藤真知子
末吉秀樹　塩島廣貴
編集協力　大西夏奈子
編集　渡邉 崇
制作　関 結香
印刷・製本　図書印刷株式会社

ISBN978-4-8334-2204-8
Printed in Japan

落丁・乱丁本はおとりかえいたします。